ジャニカの

5秒で返信！英会話

LINE, Facebook, Twitter, Instagram etc...

ジャニカ・サウスウィック 著
豊田典子 監修

Message from Janica

みなさんこんにちは、ジャニカです。この本を手にとっていただきありがとうございます！ 英語が得意な人も苦手な人も気軽に英語を使って楽しめるように、この本を書きました。まず、この本の4つの目的からお話します。

1) 教科書の英語ではない、本当のコミュニケーションを身につける！
2) LINE, Facebook, Twitter, Instagram etcでネイティブが日常的に使うカンタン・省略英語（この本ではPINGLISHと呼びます！）と英会話の両方が身につく！
3) 英語が苦手な人には⇨文法用語一切なし！ 誰でも今日から英語コミュニケーションの練習ができる！
4) 英語が得意な人には⇨ネイティブが使うカジュアルな英語スタイルも使えるようになる！

英会話の練習相手がいない、日本人同士で練習するのは気がひけるなんていう悩みもよく聞きます。それなら、PINGLISHで解決しましょう！ 発音もスペルも気にせず楽しめるPINGLISHは、気楽に世界中の友達を作るのにまたとないツールです。
本書では、ネイティブが日々本当に使っている英会話と、LINE, Facebook, Twitter, Instagram etcでのカンタン・省略英語（PINGLISH）を見開きでわかりやすく示しています。よりネイティブらしい英会話の言い回しを練習できる左ページと、対応するリアルなLINE, Facebook etcでのチャット英語、PINGLISHを右ページに掲載し解説しました。
PINGLISHならではの用語やかっこいい使い方、職場の人とのなにげない会話からカップル同士のあまい会話まで、様々な場面で使えるイマドキの英語を使って楽しみながら英語コミュニケーションの達人を目指しましょう！

目次

Chapter 3　カップルの会話

目次

本書の使い方

Face To Face（または電話）の会話

会話のタイトル

➡男性同士か女性同士か男女の会話かを表しています。

➡右ページのトークアプリ内会話で使われているカンタン・省略英語（PINGLISH）が、既に定番の場合、を、最近よく使われるようになったものの場合、を入れています。

face to faceの会話（場合によっては電話での会話）です。トークアプリ上でのカンタン・英会話（PINGLISH）だけでなくネイティブらしい表現満載の英会話も同時に学べます！

(Do you) wanna meet up sometime next week?

来週のどこかで会わない？

It was cool meeting you.
この前会えてうれしかったよ！

Yeah, same here.
私もだよ！

(Do you) wanna meet up sometime next week?
来週会わない？

OK, Sure! I'd love to!
もちろん、会いたい！

When works best for you?
いつなら都合がいいかな？

Hmm...How about Tuesday night? I'm flexible anytime after 7.
うーん、火曜日の夜はどう？７時過ぎならいつでもいいよ。

14

注）この会話はフィクションです。登場人物と会話の内容は一切関係ありません。

トークアプリの英会話（PINGLISH）

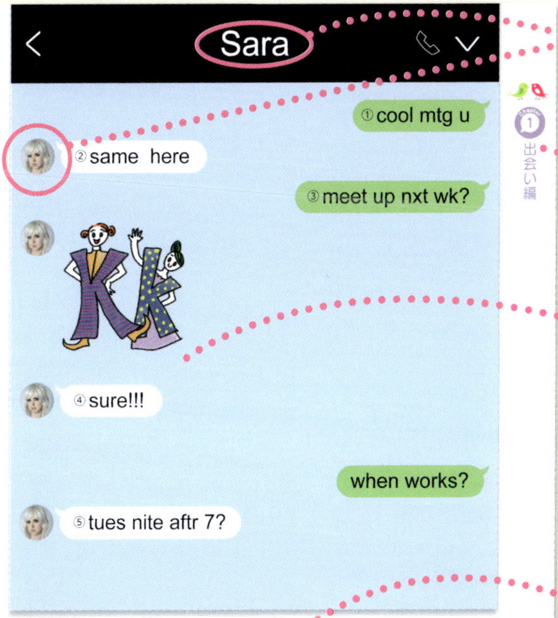

Sara
①cool mtg u
②same here
③meet up nxt wk?
④sure!!!
when works?
⑤tues nite aftr 7?

Chapter 1 出会い編

「誰と」の会話かがわかります。

Chapter 名

スタンプや絵文字、スマイリーを使った会話例を楽しんでください！ Janica プロデュースのスタンプです！

Notes

① cool mtg(**m**ee**t**in**g**) u(you)
☆niceよりもcoolのほうがよりネイティブらしくカジュアルに聞こえます。

② ☆same hereはme 2(too)でもOK！ですが、こちらのほうがよりネイティブらしい表現。会話ではあいづち、Yeah!を忘れずに！

③ nxt(**n**e**xt**) wk(**w**ee**k**)?
☆2回目以降に会うときは、meetではなくmeet up(get together もOK)。

④ sure!!!(I' d love to)：I'd love toと書かなくても！の数の多さで気持ちを表現します。

⑤ tues(**Tues**day) nite(**ni**gh**t**+e) aftr(**aft**e**r**) 7?

Janica による解説です。基本的には見開き右ページにあるPINGLISH の説明です。PINGLISH の部分を太字や下線を使ってわかりやすく説明しています。太字は、元の英語の頭文字や母音だけをとって省略した場合、該当箇所を太字にしています（PINGLISH の単語パターン①、②）。下線は、その箇所が数字や発音にそって表記することで省略していることを表しています（PINGLISH の単語のパターン③、④）。

PINGLISHの基本ルール

実際のチャット画面でPINGLISHを学ぶ前に、簡単にPINGLISHの基本ルールを知っておきましょう！ ここで伝えておきたいことは、PINGLISHはまだまだ新しいことばで進化を続けているということです。「英語」とひと言で言ってもアメリカ英語、イギリス英語…といろいろあってそれぞれにことばの歴史があるように、PINGLISHにも歴史があります。でもそれはまだ10何年くらいのお話。そのため、特にはっきりとしたルールがあるわけではありません。例外もあるでしょう。そして様々な文化圏でいろいろな使い方がされていると思います。今回はこの本で、そんなPINGLISHの一面をご紹介し、楽しく使いこなすために、目安になるようなルールをご紹介したいと思います。

PINGLISH全体のルール

♡**大文字ルール（文章の最初や主語のIなど）は無視してOK！**
（emailだとルールを守っていることが多いです。自動訂正されたり、人によっても異なります）

♡**主語を書かないことが多いのでラク！**
（実際の会話で主語が抜けるととてもブロークンに聞こえます）

♡**ピリオドやカンマなどを省略することが多い！**
（でも２文以上になったり、気持ちを強調したいとき、かしこまっているときは１文でもピリオドを入れます。自動訂正されたり、人によっても異なります）

♡**余計なことは書かない！**
（たとえば、会話では必要になるYeahなどの相づちはPINGLISHでは書きません）

♡**文字とアルファベットをミックスして使うPINGLISHはかなりカジュアル。**
（たとえば、great→gr8, forever→4everなど）

♡**傾向として読まない文字（黙字）のghや母音の省略、よく使うフレーズの語の頭文字をとって省略するパターンが多く見られます。**
（たとえば、tonight→tonite または 2nite　や　tomorrow→tmrw, Oh My God→OMGなど）

そして・・・最後に重要なルール

♡**PINGLISHは人によって複数のルールがあります！**
（たとえば、tomorrowを2moroと書いたりtmrwと書いたり、など）

♡**相手によって使うPINGLISHの量や頻度を調節して使いましょう！**（詳しくは各チャプターで学んでください。たとえば、ビジネスシーンや親との会話、まじめな告白シーンなどではPINGLISHがほかに比べて少ないことに気づくでしょう）

PINGLISH単語のパターン

①各語の頭文字をとって、大文字にして省略！
BTW→By the way

②読まない文字や母音を省略！
nite→night, tmrw→tomorrow

③数字で省略！
182→I hate you.(hate youと82の発音が似ている)
143→I love you.(各単語の文字の数で表現)
303→mom(形がスペルと似ている)

④発音どおりに表記。スペルや記号などで省略！
s^→what' s up→whatsup→wassup→ssup(upを^と記号で表現)
the→da

⑤数字と英語のMIXで省略！
2nite→tonight→to(2) + night(nite)

スマイリー・絵文字について

実際のface to faceの会話では、顔の表情や声のトーン、ジェスチャーなどで相手の話しているニュアンスがわかりますが、テキストになるとどうしても伝わりにくいものです。そこでスマイリーや絵文字を使って(最近ではスタンプやステッカーなどを使って表現することも多いですね！ この本でも載せています)ニュアンスを伝えます。

:) :-) :(などの定番として使われているスマイリーもいまだ使われていますが、
いまは、やはり、絵文字やスタンプを使うことが多いですね！

基本PINGLISHリスト

超基本PINGLISH

PINGLISH	元の英語
u	you
r	are
2	to, too
4	for
tx	thanks
y	Yes
nah	No
cu	see you
kk	cool, ok
nxt	next
wk	week
2moro / tmrw	tomorrow
ltr / l8r	later
@	at
sry	sorry
w/	with

よく見かけるPINGLISHフレーズ

PINGLISH	元の英語
OMG	Oh My God (Gosh)
WBU?	What about you?
MMM	yummy
NP	No Problem
BTW	By the way
GL	Good Luck
TGIF	Thank God it's Friday
TTYL	Talk to you later
WTF	What the fuck

Janica's
5 second text reply

Chapter 1

出会い編

約束や予定の確認などの一般的な会話では、日時を表す英語の省略がよく見られます。
また、出会ったばかりの人との会話でもカジュアルさを出すためにPINGLISHが使われています。
まずは基本のPINGLISHを見てみましょう！

(Do you) wanna meet up sometime next week?

来週のどこかで会わない？

It was cool meeting you.
この前会えてうれしかったよ！

Yeah, same here.
私もだよ！

(Do you) wanna meet up sometime next week?
来週会わない？

OK, Sure! I'd love to!
もちろん、会いたい！

When works best for you?
いつなら都合がいいかな？

Hmm...How about Tuesday night? I'm flexible anytime after 7.
うーん、火曜日の夜はどう？７時過ぎならいつでもいいよ。

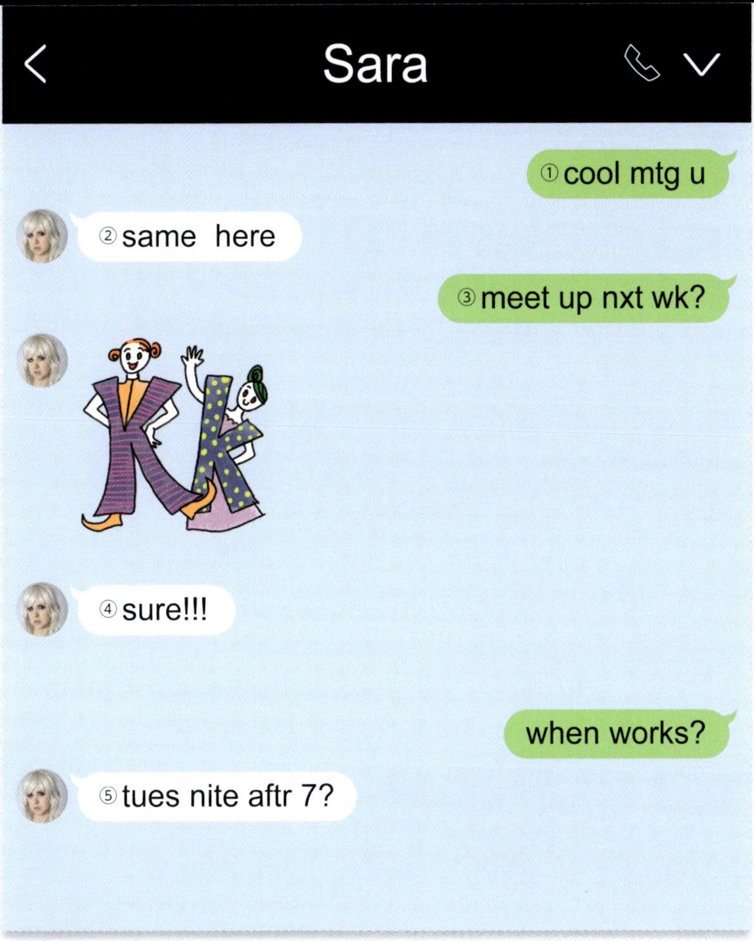

Sara
① cool mtg u
② same here
③ meet up nxt wk?
Kk
④ sure!!!
when works?
⑤ tues nite aftr 7?

Notes

① cool mtg(**m**ee**t**in**g**) u(you)

☆niceよりもcoolのほうがよりネイティブらしくカジュアルに聞こえます。

② ☆same hereはme 2(too)でもOK！ですが、こちらのほうがよりネイティブらしい表現。会話ではあいづち、Yeah!を忘れずに！

③ nxt(**n**e**xt**) wk(**w**ee**k**)?

☆2回目以降に会うときは、meetではなくmeet up(get togetherもOK)。

④ sure!!!(I'd love to)：I'd love toと書かなくても！の数の多さで気持ちを表現します。

⑤ tues(**Tues**day) nite(**n**i**g**h**t**+e) aftr(**aft**e**r**) 7?

Do I know you?

私、知り合いだっけ？

Hi!
ハイ！

Uh...Hey. Umm... Do I know you?
えっと、あの、うーんと、知り合いだっけ？

Yes. We met at the party last night.
うん、昨日の夜パーティーで 会ったじゃん。

Oh, DUH! Sorry about that.
Major brain fart.
Of course, I remember you.
だっけ？ごめん。私すごいバカ。もちろん、覚えてる。

Actually, you gave ME your WhatsApp details.
っていうか、君が僕にWhatsAppのID教えてくれたんだよね。

By the way, are you over 18?
ところでさ、18歳以上？

Yes. What about you?
うん。あなたは？

Chris

Hi

① ...DIKY

② Y. met@prty lst nite

③ duh! sry. brain fart!
OC, I remember u!

④ ACC, u gave ME WhatsApp dets.

⑤ RU/18?

⑥ Y.WBU?

Notes

① DIKY(**D**o **I** **k**now **y**ou)

② Y.(**Y**es) met@(at) prty(**p**a**rty**) lst(l**ast**) nite(**ni**gh**t**+e)

③ OC(**O**f **c**ourse)
会話ではsorry.だけでなくsorry about that.と言うことでより丁ねいな表現になります。

④ ACC(**Ac**tually), u(you) gave ME LINE dets(**det**ail**s**).

⑤ R(Are) U(you) /(over) 18?
☆RU\\18?で18歳以下？の意味。これからお酒を飲みに誘うため、成人している？ということを聞きたいので日本国内だとRU/20?となります。

⑥ Y(**Y**es). WBU(**W**hat A**b**out yo**u**)?

You are really missing out!

来なきゃ、絶対損だよ！

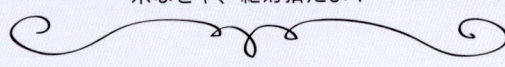

Hey, you up for drinks tonight?
ねえ、今晩のみいかない？

Ah, sorry, but the RELLIES are in town.
あ、ごめん、親戚来ちゃっててさ。

You are really missing out!
来なきゃ、絶対損だよ。

Be quiet!
うざ（直訳：黙れ）

We're going to karaoke with the gang. It'll be so much fun.
みんなでカラオケに行くよ。絶対楽しいって。

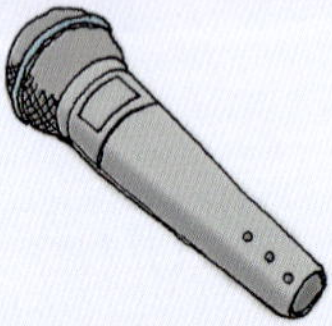

Hate my life. Gotta escape.
（親戚の面倒なんて）やってらんない。逃げたい。

Better late than never!
遅れてもいいから来なよ！（直訳：遅れても来ないよりましだよ）

Kike

① drinks 2nite?
Read 14:05

Read 14:10
② sry, rellies in town

u missin out
Read 14:11

Read 14:11
③ BQ

④ karaoke w da gang. MMM
Read 14:12

Read 17:30
⑤ HML. gotta escape

⑥ BLTN
Read 17:40

Notes

① drinks 2nite(tonight)?

② sry(**s**o**rry**)

③ B Q(**B**e **q**uiet!)

④ w da gang.(**w**ith the gang)：theがdaと聞こえるため。
MMM：Yummy(おいしい)の擬音語から。食事以外の様々な楽しいことやものに対してもmmm!と表現できます。

⑤ HML(**H**ate **m**y **l**ife)

⑥ BLTN(**B**etter **l**ate **t**han **n**ever)

Sorry, I'll be late.

ごめん、遅れる。

Sorry, I'll be late.
ごめん、遅れる。

No prob. I'm killing some time with tweets.
大丈夫。ツイッターして時間つぶしてるから。

Thanks. I'll be there in 5 min.
ありがと。あと5分くらいで着くから。

(My) stupid boss is always keeping me late.
馬鹿な上司のせいでいつも残業。

Once you're here, let's have a major vent session.
きたら愚痴大会しよ。

Anyways, there's no rush.
ま、とにかく、急がなくていいから。

Thanks. See you soon.
ありがと。じゃあまたね。

Emily

① sry, w b late

② NP. Killing time w tweets.

③ tx. there in 5.

④ Stupid boss always keeping me late

⑤ let's have a major vent session

⑥ newayz, no rush

⑦ tx. cu soon

Notes

① sry(**s**o**ry**), w(**w**ill) b(**b**e) late

② NP(**N**o **p**rob)

③ tx(Thanks→**T**han**x**)

④⑤ be動詞(is)は省略してもわかるので書かないことが多くあります。

⑥ neways(anyways)：発音するとaがほとんど聞こえないので、[neways]と聞こえる音の通りに表記して省略します。

⑦ tx.(Thanks→**T**han**x**) c(see)u(you)

Can we do it next week instead?

代わりに週末にできない？

Hi, I'm so sorry, but something came up tomorrow. Is next week ok instead?

ねえ、ごめん、明日、急用入っちゃって。来週にできない？

What's up? (Is) everything ok?

どうしたの？ 大丈夫？

Yes, I won't bore you with the details. It's a family thing.

うん。細かいことは話長くなるからはしょるけど、家のことで…

Ah, I get it. I'll ping you later with my schedule.

あ～なるほどね。私の予定、後でPINGするね。

Got it. Lunchtime is best right?

了解。ランチタイムが一番いいんだよね？

Yes, but dinner is ok if it's on the weekend.

うん。でも週末なら夜でもいいよ。

Kathy

① so sorry.
something came up tmrw :-(
nxt week ok? 😥

② s^? everything ok?

③ Y, won't bore you w/dets.
family thing.

④ Ah, get it. will ping u ltr w/schedule.

⑤ noted. lunchtime?

⑥ Y, but din ok if on wkend.

Notes

① ～tmrw(**tom**or**r**o**w**) :-(nxt(**n**e**xt**) week ok?
☆強めの表現かなと思ったら絵文字やスマイリーを！(🙂)

② s^ (What's up→Whatsup→Whassup→ssup(^))

③ Y,(**Y**es) won't bore you w/(with)dets(**det**ail**s**).

④ ltr(**l**a**t**e**r**) w/(with)schedule

⑤ noted：「了解」。(記憶に)書き込みましたという意味で会話よりもチャットで使われることが多いことばのひとつです。

⑥ Y,(**Y**es) but din(**din**ner) ok if on wkend(**w**ee**kend**).

I need to cancel tonight.

今晩行けない。

I'm so so sorry, it's last minute but I need to cancel tonight.
ごめん。今晩行けない。

What happened?
どしたの？

I totally forgot about an important work dinner.
重要な仕事のディナーがあったの完全忘れてた。

[groan] I hate you. That's a total bummer!
It took weeks to get the reservation.
It's a super happening restaurant.
[うー] キライー！ なにそれ！
予約取るの何週間もかかったんだよ。超すっごい人気レストランなんだから。

I feel awful.
私最低だよね。

I understand. Well, let's do it another time.
わかったよ。じゃあまた次回ね。

Charlie

① sooo sry!
Lst min but need to cancel tonight. :-(😔

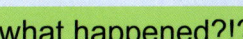

what happened?!?!

forgot about important work din

② Grr... 182 🙂 total bummer!
took weeks to get reservation.
super happening restaurant.

feel awful.

I understand. another time 🙂

Notes

① soooと「o」を多くつけるほど感情がこもっています。
☆last minuteはネイティブがとてもよく使うことばのひとつ。「突然だけど･･･」という意味で使います。

② 182 (I hate you)：I(1) hate youの発音［ヘイチュー］が82［エイチュー］と似ていることからこう表現します。182のあとにスマイリー🙂があるので、本当ではなくジョークだよということがわかります。

I can make it after all!

やっぱり行けることになったよ！

Hey! Guess what?
ねえ、ちょっと

What?
なに？

I can make it after all!
結局、行けることになったよ！

Great! Are you ok with the venue and time? Do you need directions?
よかったー！ 場所と時間わかる？ 行き方教えよっか。

Nah, I still have the original mail.
大丈夫。まだもらったメールあるから。

Cool! See you at 7!
やった！ じゃあ７時にね。

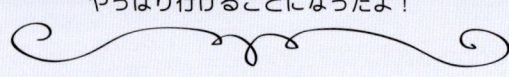

Jessica

① hey! guess what?

?

can make it after all!

② gr8!
r u ok w the venue/time?
need directions?

③ nah, still have original mail

④ c%l! c u @ 7!

Notes

① guess what?：GWでもOK！（学生とかティーンが多く使う）

② **Gr**8(**gr**eat)：[-eat]の部分は同じ発音の数字8で省略。

R(Are) u(you) ok w(**w**ith) the venue/(and)time

③ nah：noのカジュアルな言い方。

④ c%l!(cool!) c(see) u(you) @(at)7.

☆ %はoo(ダブルオー)を表すのでlookはl%k, schoolはsch%l, bookはb%kなどおしゃれに使いたいときにこう書きます。

1 Column

スマイリー、ジャスチャー

文字でのやりとりだと、相手が言っていることが、ことばそのものしか伝わりません。そのつもりでなくても文字だけだと直接的すぎたり、きつすぎる言い方になったりすることがありますよね。だから、誤解が生まれてしまうことがあります。でもface to faceのコミュニケーションなら、声のトーンや表情、ジェスチャーなどと一緒に伝えることで、同じことばでもいくつもの表現ができます。つまり、ことばと一緒に自分の伝えたい気持ちを表現できるということですね。

最近、絵文字やステッカー（スタンプ）がアメリカでも人気になってきた理由のひとつがまさにこれです。絵文字やステッカー（スタンプ）は、自分の気持ちを文字と一緒に表現することができるからです。

たとえば、おなじOKでも絵文字次第で、まったく違う意味になります。

OK ☺　　OK ☹

アメリカでも絵文字やステッカーが人気になってきているとは言っても、日本よりはまだ使われていないように思います。 定番の :-) や :-(などのスマイリーが使われていることが多く、これが大人っぽいと思っている人もいるみたいです。

日本語も同じだと思いますが、一般的に絵文字やステッカー（スタンプ）は親しい友達の間でよく使われますが仕事用ではほとんど使われません。

非言語コミュニケーションのスペシャリストである私は絵文字の大ファン！ステッカーで自分の気持ちを文字に加えて表現できるし、とても楽しいからです ☺

Janica's
5 second text reply

Chapter 2

友達同士の会話

友達同士の会話は、最もカジュアルでくだけているので、ここ最近生まれたPINGLISHもたくさん見つけられると思います。
女性同士、男性同士、男女の友人の会話それぞれで使われている言葉が色々あるので、楽しんでくださいね！
話の舞台は日本国内と海外、両方入っています。

How's everything going with your man?

カレシとうまくいってる？

How's everything going with your man?
カレシとうまく行ってる？

Oh, Andrew? He's long gone.
ああ、アンドリュー？とっくに別れたよ。

Really!? What happened?
うそ？どしたの？

I have no idea.
He just dropped off the face of the planet.
私もわかんない。突然いなくなっちゃった。

Huh? That's weird! He was totally IN to you.
I bet he realized you were too good for him and bolted. Think positive.
え？ それっておかしくない？ カレシすっごいぞっこんだったじゃん。
でも自分にはもったいないって気がついて引いたのかもね。いい方に考えよ。

[laugh] I had other reasons in my head for his sudden M.I.A., but I'll take yours.
[笑] 突然の失踪には、まあ、他の理由も思い当たるんだけどね。そういうことにしとこ。

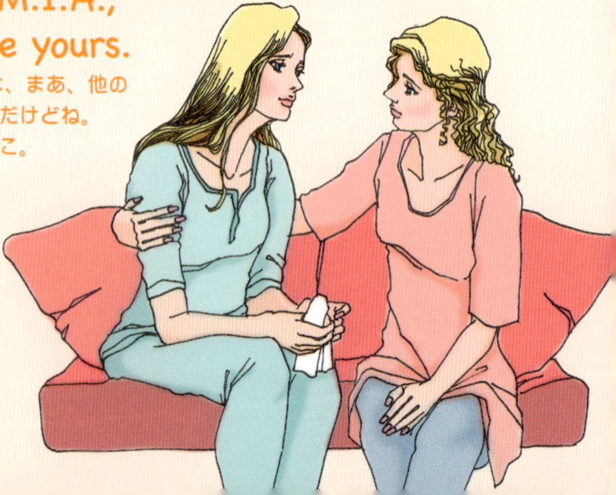

Sandy

① How's everything w/bf?

Andrew? long gone.

?! What happened?

noooo idea. he dropped off the planet!

② huh? weird! he was totally IN to u.
bet he realized u
too good 4 him & bolted. t⁺

③ haha.
had other reasons for sudden MIA.
i'll take yours.

Notes

① w/(with)bf(**b**oy**f**riend)
☆書くときはbfでOKですが、言う時はyour manやyour guyが一般的。Boyfriendは親などに対してフォーマルに言うときに使います。

② he realized u(you) too good 4(for) him &(and) bolted. t⁺(think positive)

③ ☆MIAはmissing in actionの略。戦争で戦闘中に行方不明になる兵士(脱走兵など)をたとえ、ここでは逃げ出したことを揶揄しています。

How's it going with your guy? #2

カレシとうまくいってる？（2）

How's it going with your guy?
カレシとうまく行ってる？

Well, it's off and on. Somedays, we are like, "Oh, let's get married." Then other days, it's like, "get out of my life forever."
微妙。超盛り上がって「結婚しよ」って感じになったり、「目の前から消えてくれ」ってなったり。

That does not sound good...
まずくない？

Yeah, I have mixed feelings.
I love him to death, but he's too moody.
うん、自分の気持ちもごちゃごちゃ。死ぬほど大好きなんだけど、彼、気分屋でついていけないんだよね。

Maybe it's time to re-think things.
いろいろ考え直す機会なのかも。

I'm with you on that one.
確かにそうだよね。

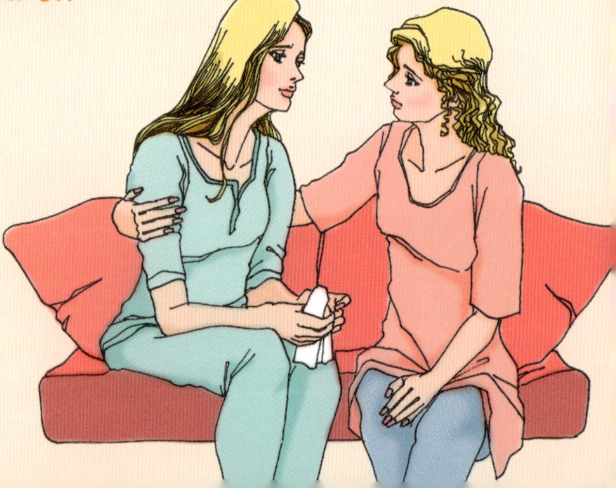

Sandy

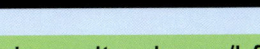

① howz it going w/bf?

② off and on.
let's get married!
then——get out of my life 4ever.

③ not good

mixed feelings.
love him to death but too moody.

time to rethink things.

④ agree.

Notes

① howz(how's) it going w/(with)bf(**b**oy**f**riend)?

② get out of my life 4ever(forever)

③ 会話でdoesn'tと言わずdoes notと言っているのは、強調のためにわざとそう言っています。

④ agree：会話でもI agree.と言っても大丈夫ですが、I'm with you.のほうがもっとネイティブらしい言い方です。

How's the hook-up party?

合コンどうだった？

How's the hook-up party?
合コンどうだった？

Oh my gosh! I found a ten!
ちょっと、ヤバイ！ 超イケメン見つけた！

Too good to be true.
えー、本当に？

Boyfriend alert.
カレシができる予感。

Tell me more!
もっと教えてよ！

He's tall, dark and handsome.
背が高くて、褐色の肌で、かっこいいの。

How old?
何歳？

I don't know but we're probably around the same age.
わかんない、でも多分同い年ぐらいかな。

Ain't life wonderful?
人生って、最高！

Stacy

① Howz hook-up prty ?

② OMG, found a 10

③ 2G2BT

④ BF alert

Tell!

⑤ TDH.

age?

⑥ dunno but prob around same age?

⑦ ALW?

Notes

① Howz(How's) hook-up prty(party)?：hook-up partyは合コン、ナンパ目的パーティ（p 70 コラム２参照）。

② OMG(Oh my gosh)：godではなくgoshというと可愛く聞こえます。
☆a 10は10点満点中10点の完璧な男性・女性（モノにも使う）。

③ 2(too) G(**g**ood) 2(to) B(**be**) T(**t**rue)

④ BF(**B**oy**f**riend) alert：「カレシ候補男性警報」が直訳。GF alertで「カノジョ候補女性警報」。みなさんも彼氏、彼女候補が見つかったときにはぜひ使ってみて！

⑤ T(tall) D(dark) H(handsome)：イケメンの代名詞。

⑥ dunno(don't know) but prob(**prob**ably)

⑦ ALW?(**A**in't **l**ife **w**onderful?)

I just saw my X!

元カレにばったり会っちゃった！

O. M. G. I just saw my X!

どうしよう！元カレにばったり会っちゃった！

Eww... Yuck. Big fat cheater.

うわっ、キモ。あのとんでも浮気野郎。

Yeah, I know. He's such a loser! What a jerk!

ほんとにね。あの、負け組の馬鹿野郎！

(Did) you talk?

それで話したの？

No way! Oh, by the way,
he's a MAJOR chubber now. Hahaha.

まっさか！ていうかさー、また超デブってたんだけど。あはは。

Serves the a-hole right.

ほんとに最低最悪のやつだよね。

So glad to be single!

彼氏いなくていいわ！

[high 5]

[ハイタッチ]

Sandy

① OMG! just saw my X

② ewwwww... CHEATER!!!

③ I know. loser! jerk!

u talk?

④ no way.
BTW major chubber now.
tehehe!

⑤ serves da a-hole right.

⑥ so glad 2b single!

⑦ ^5

Notes

① OMG!(**O**h **M**y **G**od) just saw my X(ex)：元カノも元カレもmy X

② ewwwww：wの数で「うわっ」「げっ」という気持ちをさらに強調。キモいという意味のYuckはewwwwwで伝わります。Cheaterは二股、浮気野郎、詐欺男、嫌なやつ。

③ jerk：嫌なやつ、ばか野郎、自己中。

④ BTW(**B**y **t**he **w**ay)　tehehe：lolは最近は流行遅れ。tehehe やha!が多いです。

⑤ da(the) a-hole(ass hole) right：肛門の意味から、最悪な人の意味に。きつい言葉なので注意！

⑥ so glad 2b(to be) single!

⑦ ^5：^(high) 5(five) ５本の指だから、ハイファイブと言います。

I've got bad period cramps.

生理痛がひどいの。

Sorry, but I can't come tonight.
ごめん、今晩、行けない。

You ok?
何？ 大丈夫？

I've got bad period cramps.
生理痛がひどいの。

That's too bad.
かわいそうに。

I wanna die. It's a war zone.
死にたい。戦場（血がどばー）。

Well, if you feel up for it later, PING me.
そう。後で来れそうになったら、PINGしてね。

I definitely will, but don't count on it.
Have fun! Love to you!
絶対するよ。でも来ないって思ってて。
楽しんでね。

Emily

① sry can't come 2nite

u ok?

baaad period cramps

② Ugh.

③ wanna die. war zone.

④ if u feel up 4 it l8r, PING me

⑤ def will but don't count on it

⑥ have fun <3

♥2U

Notes

① sry(**s**o**r**r**y**) can't come 2nite(tonight)

② ugh：that's too bad.(残念)やthat sucks.(嫌だね)というニュアンスを表しています。

③ war zone：戦場、つまり(戦場のように)生理の出血量が多いという意味になります。

④ if u(you) feel up 4(for) it l8r(**l**ate**r**),

⑤ def(**def**initely) will

⑥ <3：横から見たらハートの形で、love to youを表します。

I found a fabulous restaurant!

すっごくいいレストラン見つけちゃった！

Oh my GOD! I found a fab(ulous) restaurant!
ちょっと、聞いて！ すっごくいいレストラン見つけちゃった！

Tell me more!
何、教えて！

It's a total hole in the wall.
めちゃ隠れ家っぽい感じ。

I love those types.
そういうの大好き。

The food is a ten.
すっごく美味しいし。

Is it pricey?
高いんじゃない？

It's super cheap.
It's around 2000 yen a person for dinner.
それがね、すっごい安いんだ。夕食で１人２千円。

Sarah

①OMG. Found a fab restaurant .

Tell

②total hole in da wall

③LOVE

④Food is a 10

⑤¥¥¥??

⑥super cheap. +/−2000/person 4 din.

Notes

①OMG(**O**h **M**y **G**od)：最近は会話でもOMGと言うのが流行り。
a fab(**fab**ulous) restaurant：fabは今どきの言い方です。

②in da(the) wall：theがdaに聞こえるのでdaと省略します。

③LOVE：「大好き」という気持ちは大文字で表せば語句を強調できます。

④a 10は10点満点中10点の意味。モノや人に使います。

⑤¥¥¥??(pricy?)：レストランガイドなどで料金の安いところを＄、高いところを＄＄＄＄などで表します。

⑥+/-2000/person(around 2000 yen a person)
☆aroundは+/-の他、時間やお金には-ishという表現も使います(2000ish)。

I'm finally getting lash extensions!

ついにまつエクデビューしようと思って！

I'm finally getting lash extensions!
まつエク、とうとうデビューしようと思って！

That's so cool! I love mine!
いいじゃん！ 私のまつエクいいよ！

Is it hard to wash your face?
洗顔大変じゃないの？

Well, it takes some time to get used to it.
But give it a week or so and you'll be fine.
慣れるの時間かかるかも。でも1週間あれば慣れるよ。

I found a super good deal online.
ネットで格安の見つけたんだ。

Awesome! Be careful it's not shady.
いいね！ でも悪質なのに気をつけてね。

Thanks, Babe. You are a cutie!
ありがとう。かわいいんだからっ！

Mandi

finally getting lash extensions!

So cool! love mine.

is it hard to wash your face?

takes time to get used to.
Give it a week.

① found GOOD deal online.

awesome!
be careful it's not shady.

② tx♥ URAQT

Notes

① found GOOD(a super good) deal online.：チャットだと大文字で強調。会話では、superやreallyをつけて強調。

② tx♥ (Thanks→Than**x**) URAQT(Yo**u** a**r**e **a** cutie)：cutieは私のことを考えてくれて大好き！可愛い子ね！という意味の「可愛い人」を表します。

I wanted to wish you a happy birthday!

お誕生日おめでとう！

Hey you! I wanted to wish you a happy birthday!
ねえ、お誕生日おめでとう。

Do you have any special plans today?
今日は特別な予定あり？

I have to work.
仕事あるから。

Boo. ブー。

But Tom's taking me out later.
でもトムがデートに誘ってくれた。

Where to?
どこに行くの？

I don't know. It's a surprise.
わかんない。サプライズだって。

Oh lá lá! That's romantic.
えーー、ロマンチックだね～。

Have a super duper wonderful awesome day!
超すっごい楽しい
一日をね！

Lani

① Happy birthday !

Any special plans?

work.

② boo.

Tom's taking me out ltr

where?

③ dunno. surprise.

④ ohlala! romantic.

⑤ have a super duper wonderful awesome day.

Notes

① 相手の誕生日のときは、省略せずきちんとbirthdayと書いてお祝いの気持ちを表しましょう！

② boo.：日本語の「ブーイングをする」の「ブー」と同じです。

③ donno(don't know)：聞こえる発音の通りに書いて省略します。

④ ohlala!：フランス語で「あらまあ」など驚きを表します。
フランスや恋愛に関することをからかい気味に言うときに使います。

⑤ ☆super duperは韻を踏んだことばで「すっげー」。
英語は意外とダジャレ系のことばが多いんです。

I'm sneezing my head off!

くしゃみがとまらないよー！

I caught a cold.
風邪引いちゃった。

oh no....
えーほんと？

I'm sneezing my head off!
くしゃみがとまらないよー！

Are you taking off work?
会社休んだら？

I wish I could but it's the busy season so there's no way I can.
休めればいいんだけどね。でも繁忙期だから無理。

Well, try to get some rest.
ゆっくりしてね。

The meds are making me tired.
薬飲むと眠くなるんだよね。

Oh, that sucks.
Good luck.
うわ～最悪だよね。がんばってね。

Thank you,
I'll need it.
ありがと。
がんばんなきゃね。

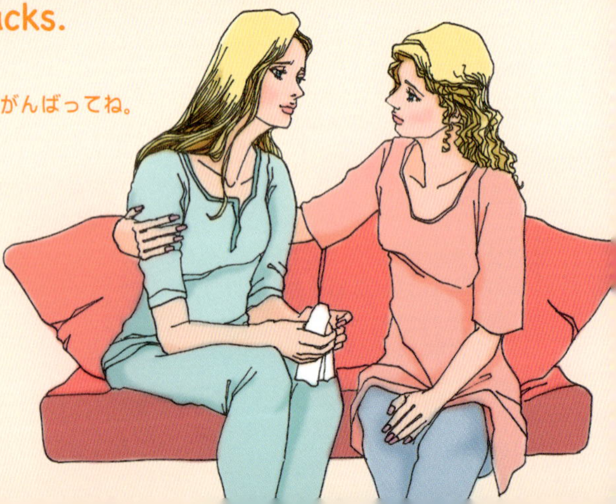

Mika

caught cold

① EEEK.

sneezing head off

taking off work?

② Wish I could.
bz season. no way.

try to get some rest

③ meds making me zzz

④ sux ☹ GL

⑤ 10Q, need it

Notes

① EEEK：「キャー」「ギャー」と慌てて騒ぐときの叫び声。Eの数で驚き度を表現しましょう。

② bz(busy) season

③ zzz：いびきの擬声語から。漫画などでもよく見かけますね！
英会話で「眠くなる」をsleepyではなくtiredと言っているのはsleepyだと子どもっぽく聞こえるためです。

④ sux (sucks)　GL(**G**ood **l**uck)

⑤ 10Q(Thank you)
☆itはここではluckのこと。

Someone stole my wallet!

誰かにお財布、盗まれちゃった！

Oh, Shit.
げ、やっちゃった。

Are you ok?
どうした？

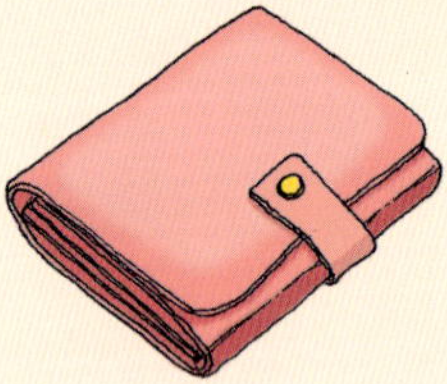

Someone stole my wallet!
誰かにお財布、盗まれちゃった！

What are you gonna do?
どうするの？

Well, luckily I've got PASMO.
まあ、PASMOがあるからね。

Phew. What a relief.
ふー。よかった。

But I can't buy lunch today.
でも、ランチは買えないなぁ。

That's a bummer. But, think positive.
It's good for your diet.
haha.
かわいそ。でもさ、前向きに考えよ。
ダイエットにはいいじゃん（笑）

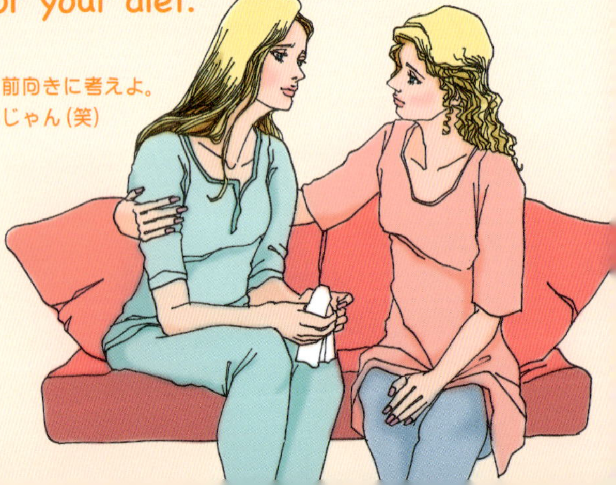

Lauralee

① Shit.

u ok ?

② sm1 stole my wallet

③ W@ u gonna do?

got pasmo

④ Phew.

But can't buy lunch

⑤ Bummer. t^+.
good 4 diet. haha

Notes

① shit：crap（くそ）も同じようによく使います。日本語の「くそ」と同じで、友人同士でよく聞く言葉です。女性よりも男性が多く使う傾向にあります。

② sm1（someone) stole my wallet

③ W@（What）
gonna（going to) do：最近は会話でも自然に使われます。

④ phew：ほっとしたときに出る「ふうっ」という息を吹き出す擬声語から。

⑤ t^+ (think positive)

Thank God it's Friday!

やっと金曜日！

Thank God it's Friday!
よかった、今日金曜日じゃん！

Do you have any plans for the weekend?
週末の予定ある？

I'm going to sleep!
寝まくる。

You're so boring.
つまんないやつだなー

I'm *not* boring. I'm just tired.
つまんないん奴じゃなくて、疲れてるの。

Well, MY weekend is jam-packed.
私の週末はね、すっごい詰まってるよ。

What's going on?
なに？どしたの？

I'm headed to Hokkaido just for fun.
北海道に行くんだ！

Dean

① TGIF!

② plans 4 wkend ?

③ zzz

④ boooooooooring

NOT boring. just tired.

⑤ my wkend is jam packed

?

⑥ headed to Hokkaido J4F

Notes

① TGIF(**T**hank **G**od **i**t′s **F**riday)：「ラッキーなことに～」。God とはいっているので、やたらと言わないようにしましょう。

② 4(for) wkend(**we**e**kend**)?

③ zzz(sleep)

④ boooooooooring：soを言わない代わりに、oの数でつまらなさを強調します。

⑤ ☆スケジュールが詰まっていることを自慢するアメリカ人は多い傾向があります。

⑥ headed to Hokkaido J4F(**j**ust for **f**un)

Are you there?

起きてる？

Are you there?

起きてる？

Yeah, what's up?

うん、どした？

I can't sleep. It's just plain old insomnia.

眠れないの。ただのいつもの不眠症。

What are you doing tomorrow?
Anyone for KFC?

明日何してる？ ケンタッキー行く？

Yes!

行く！

Got to go. It's time to hit the sack.
I'll PING you tomorrow.

じゃあね。寝る時間だよ。明日、PINGするから。

(Good) night!

おやすみ！

Mandi

①AYT ?

②Y, whatsup ?

can't zzz
plain ol insomnia.

③whacha doin tmrw?

④ne14kfc?

Y!

⑤G2G, time to hit the sack.
PING u tmrw

⑥GN, zzz

Notes

① AYT?(**A**re **y**ou **t**here?)：ドアをノックするときもチャットでオンラインかどうか確認するときも使える「いる？」という言い方です。

② Y(**Y**es), whatsup(what's up)?：wazzup?と発音どおりに書く人もいます。

③ whacha(what are you) doin(**doin**g) tmrw(**to**m**o**r**row**)?
：whachaはwhat are youの発音にあわせて表記しています。

④ ne1(anyone)4(for)kfc?

⑤ G2G(**g**ot to **g**o).
☆hit the sackは男性が使うと「マスターベーションをする」という意味になるので注意。
PING u(you) tmrw(**to**m**o**r**row**)

⑥ GN(**G**ood **n**ight)

Hey, I'm having drinks with Stacy now. Wanna join?

ねえ、今ステイシーと飲んでるんだけど、来ない？

Hey, I'm having drinks with Stacy now. Wanna join?

ねえ、いまステイシーと飲んでるんだけど、来ない？

Where abouts are you?

どこあたりにいるの？

Do you remember the new bar we went to last month, by the station?

先月行った新しいバー覚えてる？駅チカの。

Yes. How long will you guys be there?

うん。後どれくらいそこにいる？

Probably another hour or so.

後1時間ぐらいかな。

OK! We'll see you 10ish!

オッケー。じゃあ10時ごろに行くね！

OneTwenty

① drinks w/Stacy now. wanna join?

② where r u?

u remember new bar by station?

③ Y. how long u there?

④ prob 1-2 hrs

⑤ OK! c u 10ish!

Notes

① drinks w/(with)Stacy now.
Wanna join?：wanna～？で「～しない？」という勧誘表現です。

② where r(are) u(you)?

③ Y.(**Y**es)
☆you guys：会話では相手への呼びかけはyouだけでなくyou guysと言うのが自然な表現です。

④ prob(**prob**ably) 1-2hrs(hours)
☆会話のprobably another hour or soは「あと1、2時間後」というだいたいの時間を伝えるときに便利です！

⑤ c(see) u(you) 10ish(around 10)：-ishで「だいたい～」という意味です。時間やお金などの数字のあとによく使います。

So, can I borrow yours? Pwease!!!

君の(ノート)貸して！ おねがいでしゅ！

HELP! Exams are tomorrow and I lost my notes.
たいへん！ 明日試験なのに、ノートが失くなっちゃったみたい！

That really sucks.
超サイアク。

So, can I borrow yours? Pwease!!!
というわけで、ノート貸して！ おねがいでしゅ！

That depends.
条件付き。

On what?
どんな？

I'm just just kidding. haha. Come over.
うそだよ。はは。取りに来て。

Thank you soooooo much!
すっごーーーーーく感謝！

You're welcome.
どういたしまして。

Dennis

SOS

① exams tmrw, lost notes!

② dat sucks

③ can I borrow yours? pwease!!!

Depends

??

④ jk. tehehe. come ovr

⑤ txxxxxxxx

⑥ YW

Notes

① exams tmrw(**to**m**or**r**ow**)

② dat(that) sucks：thatがdatと聞こえるのでdatと書いて省略。

③ pwease!!!(please!!!)：Pleaseの赤ちゃんことばで、可愛くお願いしたいときに書きます。アメリカの子どもは"l"や"r"の発音ができず、"w"の発音になることがあります。

④ jk(**j**ust **k**idding). tehehe. come ovr(**ov**e**r**).：teheheは笑い声。

⑤ txxxxxxxx(thanks→**t**han**x**)：xが多いほど強い気持ちを表します。

⑥ YW!(**Y**ou're **w**elcome!)

☺ 友達同士の会話ではお互いツッコミあうのが習慣！

I'm having second thoughts about working here.

（仲良しの同僚と）この会社続けるのどうしようかなって悩んでるの。

Are you ok for a one to one sometime this week?
今週時間取れる？ 相談事があるの。

Sure. Is everything ok?
もちろん。大丈夫？

I'm having second thoughts about working here.
この会社続けるのどうしようかなって悩んでるの。

Is it the new boss? Think positive.
One for all and all for one!
新しい上司？ 前向きに考えよ。力を合わせて乗り切ろう！

We need to talk later on today.
今日後でゆっくり話そうよ。

How about we touch base(s) after work today?
今日、仕事終わったら連絡とろう？

Jessica

①are you ok for a 121 this week?

Sure. everything ok?

②thinking about quitting.

③new boss? t^{+}. 14AA41

talk later

④touch bases aftr work?

Notes

① for a 121(one to one)：one to oneはsit-downとも。座って1対1で相談するような状況で使われます。

② thinking about quitting.：会話で言っているhave second thoughts about～は長いのでチャットでは短くthinkを使って書けばOKです。

③ t^{+}(think positive)
14AA41(one for **a**ll and **a**ll for one)：1人はみんなのために、みんなは1人のためにという直訳です。一緒にがんばろうという意味になります。

④ aftr(**after**) work?

☺ 相談に乗るときは、頭を少し斜めにして聞きましょう！

I had the WORST day at work today.

(仲良しの同僚と) 今日仕事でサイアクだった。

HELP! I'm gonna die!
I had the WORST day at work today.
たすけて！ 死ぬー！ 今日仕事でサイアクだった。

Oh no! What happened?
ええ〜！ なになに？

Can we talk over drinks tonight?
今晩、飲みながら話してもいいかな？

Sure, does 7 work ok for you?
いいよ。7時でいい？

Perfect! I'll meet up with you at the usual place.
完璧。いつものとこでね。

Sorry! I'm running late. My boss kept me an extra 30 minutes late filing documents.
遅刻しそう。上司に書類整理しろって言われて30分残業。

No prob.
I'm running a bit late too.
Take your time.
いいよ。私もちょい遅刻だし。
ゆっくり来てね。

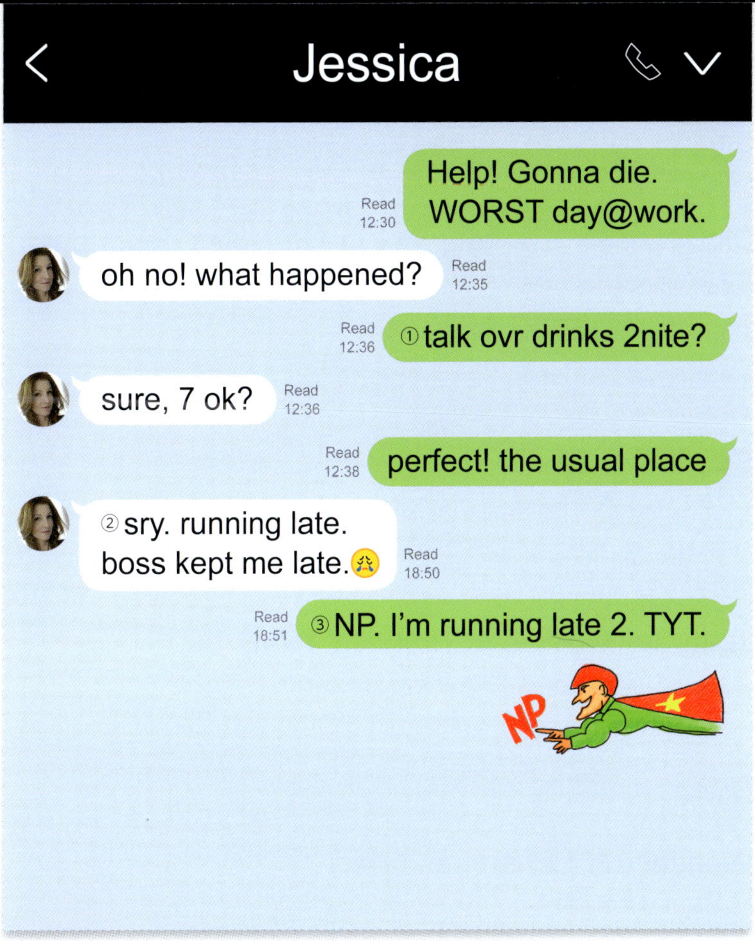
Jessica
Help! Gonna die. WORST day@work.
Read 12:30
oh no! what happened?
Read 12:35
① talk ovr drinks 2nite?
Read 12:36
sure, 7 ok?
Read 12:36
perfect! the usual place
Read 12:38
② sry. running late. boss kept me late.
Read 18:50
③ NP. I'm running late 2. TYT.
Read 18:51
NP

Notes ① talk ovr(**ov**e**r**) drinks 2nite(tonight)?

② sry(**s**o**r**r**y**).

boss kept me late.：チャットでは細かいことを書かないで「上司のせいで残業」だけでOK！

③ NP(**N**o **p**rob). I' m running late 2(too). TYT.(**T**ake **y**our **t**ime)

Did you see the new girl?

（仲良しの同僚と）新人の子みた？

Did you see the new girl in the sales department?
営業部の新人の女の子見た？

YES! She's super cute.
I wonder how old she is...
見た！ すっごい可愛い。何歳かな…

She looks 20 maybe.
２０歳ぐらいに見えるけど。

She seems really nice too.
いい子っぽいよね。

Yeah, let's ask her to lunch today.
うん、今日ランチに誘ってみよっか？

Good thinking. I'll see her in the sales meeting at 10, and ask then.
いいねぇ。１０時の営業会議で会うから、聞いてみる。

Wonderful! Let's chat later.
いいね。じゃあ後で話そ。

Briony

① did u c the new girl in sales dept?

② Y! super cute.
i wonder how old...

20(?)

she seems nice

③ let's ask her to lunch 2day

👍
④ ill c her in sales
mtg @10 & ask then

👍 1daful
⑤ chat ltr

Notes

① did u(you) c(see) the new girl in sales dept(**dep**ar**t**ment)?

② Y!(**Y**es)

③ lunch 2day(today)

④ i' ll c(see) her in sales mtg(**m**ee**t**in**g**) @(at)10 & ask then

⑤ 1daful.(wondaful) chat ltr(**l**a**t**e**r**)：英語のchatは元々、「会話する」という意味で、日本語の意味と違うときがあるので注意です。

I had way too much to drink last night.

昨日、飲みすぎた～。

I had way too much to drink last night.
昨日、飲み過ぎた～。

Same here. I'm a bit dazed myself today, too.
わかる～。私も今日はちょっとだるい。

Oh, by the way, did I pay?
Last night's a bit of a blur.
ねえ、そういえば、私ちゃんと払った？ 昨日の記憶曖昧でさ。

The last thing I remember was me killing Carly Rae Jepson's "I Really Like You."
カーリー・ラエ・ジェプセンの「I really like you」を机の上でで踊りながら熱唱してたのが最後の記憶…

You rocked that song.
あの歌サイコーだったよ。

That one's my personal best.
私の持ち歌（一番得意な歌）だもん。

Briony

①way too much to drink lst nite.

same here. I'm dazed 2.

②btw, did i pay? lst nite a blur.

last thing i remember was killing
i really like u

③u rocked dat song

④my PB

Notes

① drink lst(**l**a**st**) nite(**ni**gh**t**).

② btw(**b**y **t**he **w**ay)

③ dat(that) song

④ my PB(**p**ersonal **b**est)：personal bestは「自己最高記録」の意味でスポーツ以外の状況だと「自己ベスト」「自分の一番得意なもの」の意味になります。

Damn! The Giants lost by a point.

ちくしょー！ ジャイアンツが１点差で負けた！

Damn! The Giants lost by a point.

ちくしょー、ジャイアンツが１点差で負けた！

I'm literally crying. Big tears.

泣き叫んでるとこだよ～ほんとだよ。大泣き。

I need a beer. Wanna join me?

ビール飲まなきゃ。一緒に飲む？

②

Oh, I've already started.
I've downed 3 beers in like 15 minutes.

もう飲み始めてるから。15分で３本飲んじゃった。

What the...? How is that even possible?

はあ？無理くね？

Things happen. Our favorite team lost the finals by a point.

応援してるチームが一点差で負けだよ、当然だよ。

I hear ya.

わかるわ。

Chance

① F$#%!
giants lost by a point.

literally crying. TEARS 😭

need a beer.
wanna join?

② already started.
3 beers in 15 min.

③ WTF?
how is that possible?

④ fav team lost finals by a point.

i hear ya

Notes

① F$#%!(Damn!):F$#%!はFUCKの伏字。本当に強い罵倒に聞こえるので、会話でもチャットでも省略形を多用します。実は実際fuckはそれほど言うことはなく、女性ならOh no!男性ならDamn!と言うことが多いんです。

② ☆会話でin like 15 minutesとあるlikeは「って感じ」という意味。アメリカ人は口癖のようにlikeを使うことが非常に多いです。(特にwest coastやmid-west)。

③ WTF?(**W**hat **t**he **f**uck?)

④ fav(**fav**orite) team

Dude, I met a super cool chick!

おい、すげーかわいいこに会っちゃったわ！

①
Dude, I met a super cool chick at Mark's party.
おい、マークのパーティーでさ、すげーかわいこちゃんに会っちゃったよ。

Was it the one you chatted up all night?
一晩中話してたコ？

Yep. That's the one.
そう。そのコ。

②
So, what about this chick you were all into?
でさ、その「かわいこちゃん」、どうなんだよ。

We're going out Saturday. She's totally my type.
土曜デートさそっちゃった。完璧オレのタイプなんだよねー。

Cool. (I) Hope it works out.
But don't get hitched anytime soon, ok?
すげーじゃん。うまくいくといいね。でもすぐに結婚しちゃだめだよ。

OneTwenty

① met a cool chick @ mark's party

the one you chatted up all nite?

② Yep.

③ so, what about this chick?

Going out Sat.
she's my type.

hope it works out.
don't get hitched.

Notes

① @(at) mark's party
☆dudeは男性の仲間同士、友人同士の会話の呼びかけとしてよく使われます。Hey dudeやHey manのように言います。

② Yep.：Yesのくだけた言い方。

③ chick：chikenの略で男性が「女の子」と言うときに使います。くだけすぎた表現なので友人同士だけで使うようにしましょう。ただの知り合いや女性に対してはセクハラにも聞こえかねないのでladyやgirlを使いましょう！

2

Column

パーティと合コンについて

パーティ

アメリカや欧州では、日本に比べてパーティーが多く、夏はバーベキュー、冬はクリスマスパーティーなどとイベントシーズンともなると、一度にどのパーティーに行くべきかで悩む日々が続きます。子ども達も小さい頃から家でのお誕生日パーティーを通じて社交性を養っていきます。

学生同士の好みのドリンクを持ち寄って、宅配ピザやナッツを頬張りながらするパーティや女子会(ガールズナイト)などのカジュアルなパーティーから、イブニングドレスやタキシードを身にまとう正式な晩餐会まで様々なパーティがあります。

ホームパーティー(House party)も多く、職場の上司が部下を労うために催すパーティ、引越パーティー(House warming Party)、季節のイベント事のホームパーティー、家の庭でするバーベキューパーティ、フットボールなどのスポーツ観戦パーティー(特に人気!)など様々です。英国では正式にアフタヌーンティーに呼ばれることもありますが、アメリカではカジュアルコーヒーと呼びます。

どんな服装がよいのか(→ドレスコードについてはp142 コラム5を参照)、手土産は何がいいのかと悩むのはネイティブでも同じこと。主催者(Host・Hostess)や知り合いに確認して、時間に「遅れるよう」に到着しましょう。ホームパーティーは準備の時間がかかるので、30分ほど遅れていくのがマナーです。飲み物持ち寄り(BYOB:Bring your own bottle)パーティーも多く、その場合は、自分の好きな飲み物をやや多めに持って行きます。ビールなら半ダース、ワインなら1~2本。アルコールが飲めない人は、ジュースなど。到着したら、主催者に手渡し、みんなでシェアします。

合コン(matchmaking party)

日本語の「ボーイフレンド」よりもBoyfriendは親密な間柄。カレシです。友だちにはmy guy, my manと言い、親戚にはBoyfriendと言います。

合コンのように、ルールに従ったおとなしいパーティもありますが、hook-up partyは軽い感じなので要注意です。

Janica's
5 second text reply

Chapter
3

カップルの会話

付き合うまでの会話と付き合って気心が知れてからの会話での PINGLISH の使い方、使っている多さの違いに注目です！
これって脈ありなの？ 私、誘われてる？ どう断ればいい？ そんなリアルな会話も PINGLISH と一緒にご紹介します！

Are you dating anyone?

今付き合っている人いる？

So... I've been meaning to ask you for a while... are you dating anyone?

あのさ…。前から聞きたかったんだけど…今付き合ってる人いる？

It's a bit complicated.
There's this guy who I've been seeing off and on, but it's not working out.

微妙。一応いるけど付き合ったり、別れたりして、うまくいってないの。

I kinda like you.
I'd love to take you on a date.

俺さー、結構好きなんだよね。デートに誘っていいかな。

Can we make it a caj date?

とりあえず友だちからでいい？

Yes, for sure.

うん、もちろん。

At Starbucks?

スタバでどう？

Dennis

①i've been meaning to ask u for a while… r u dating anyone ?

it's complicated. off and on, but not working out.

②IKLU. i'd love to take you on a D8

③can we make it caj?

④4sure

⑤*$

Notes

① r(are) u(you) dating anyone?

② IKLU(**I** **k**inda **l**ike yo**u**) i'd love to take you on a **D**8(**d**ate)

☆ ここは気合いがはいっているのでyouをあえて省略していません。でももっとカジュアルなニュアンスを出したいのであれば、uとしたほうがいいでしょう。

③ can we make it caj?

☆casualはcaz,cajなど色々な省略があります。

④ 4sure(for sure)

⑤ *(star)$(bucks：ドルの俗語)

Are you dating anyone? #2

今付き合っている人いる？（2）

By the way, are you dating anyone?
ところで今付き合ってる人いる？

We just broke up and am not looking for a relationship right now.
別れたばかりで今誰とも付き合う気分じゃないの。

I totally understand. How about dinner, as friends?
その気持ちすごいわかるよ。じゃあ、友達としてディナーでもどうかな。

Hmm... You seem pretty cool.
んー、いい感じだしね。

Right back at ya.
同じことば、そのまま返すよ。

So... OK AS FRIENDS!
じゃあ、友達としてならいいよ！

For now. (wink wink nudge nudge)
「今」はね。（ウィンクとひじを軽くつつく）

David

① BTW
r u dating anyone?

② just broke up.
not looking 4 relationship now.

totally understand.
how about dinner…as FRIENDS?

Hmm…
you seem pretty cool

③ RB@Ya

So... OK AS FRIENDS!

④ 4now **//

Notes

① BTW(**B**y **t**he **w**ay) r(Are) u(you) dating anyone?

② not looking 4(for) relationship now

③ RB@Ya(**r**ight **b**ack at **y**a)

④ 4(for)now **(wink wink)//(nudge nudge)

Would you be my girlfriend?

彼女としてお付き合いしてくれますか？

Do you have a minute?

ちょっといいかな？

Sure thing.

うん、いいよ。

We've only been on a few dates but I think about you 24/7...your laugh, your eyes. Everything.

何回かデートに行ってるけど、僕、ずっと君のことが頭から離れないんだ。君のすべてが大好き。笑顔も、目も。

Can I ask you a serious question?

まじめな質問をするから聞いて？

Yes. Ask me anything.

うん。なんでも聞いていいよ。

Would you be my girlfriend?

彼女としてお付き合いしてくれますか？

Yes!!! [Kiss]

もちろん！［キス］

Sandy

do you have a min?

y

① we've been on a few dates but
I think about u 24/7...
your laugh, your eyes. everything.

Can I ask you a serious question?

② Y. AMA

③ Would you be my gf?

④ YES!!! Mwa! 😊

Notes

① I thinks about u 24/7 ：24/7とは１日24時間、１週間（7日間）の意味で日本語の四六時中、という意味です。

② AMA（**A**sk **m**e **a**nything）

③ Would you be my gf?：大事な質問なのでWouldのｗも大文字に。

④ Mwa：キスをするときに出る「むわぁー」という音を表した英語で、「キス」の意味になります。

☺「付き合ってください」と言われて、「はい！」と答えるときは、両手を大きく広げてハグをしましょう。

Would you be up for seeing me again?

また君に会いたいんだ。君はどう思う？

I had a blast tonight.
ヤバかったよね～今晩の集まり。

Yeah, it was such a cool party.
うん、すごい良かった。

What do you say about meeting up again?
次にまた会うってどうかな？

yeah, I bet we'll bump into each other sometime at a party or something.
うん、またパーティーとかでばったり会えるんじゃない？

That would be cool to bump into each other, but I'd like to see you again.
Would you be up for seeing me again?
またばったり会えたらいいね！ でも君にまた会いたいんだ。君はどう思う？

Let me think.
考えさせて。

Tyson

① had a blast 2nite.

yeah, cool party

② what do you say about meeting up again?

③ i bet we'll bump into ea other sometime

④ would b cool 2 bump into ea other but want 2 c u again.
would u c me again?

⑤ hmm

Notes

① blast 2nite(tonight)

② ☆男性が女性に気があるので、大事なことは省略せずに会話と同じように書くのがポイント。

③ we'll bump into **ea**(**ea**ch) other.

④ would b(be) cool 2(to) bump into **ea**(**ea**ch) other but want 2(to) c(see) u(you) again

⑤ hmm：Let me think. と考えているときの「んー」という音を表しています。

☺ 日本人は優しすぎて最終的に率直に断らないのでアメリカ人男性はよく誤解することがあります。相手がアメリカ人なら素直に断りましょう！嘘をつかない正直な人が尊敬される文化です。

You're totally my type.

君って、完璧僕のタイプなんだ。

It was way cool seeing you last night.
昨日の夜、君に会えて嬉しかったよ。

You too. It was funny bumping into you outside of work.
私も。職場出たところでばったり会うなんておかしいね。

Yeah... Hey, can I say something?
うん、ねえ、ちょっといい？

Um... sure. What's going on?
うん、いいけど。どしたの？

You're totally my type.
I know it may seem out of the blue,
but I've thought it for a long time.
君って、完璧僕のタイプなんだ。
急に言い出した風に聞こえるかもしれないけど、実はずっとそう思っててさ。

OneTwenty

① cool seeing u lst nite.

② u2. funny bumping into u outside of work

yeah...can i say something?

um... sure. what's going on?

you're totally my type

it may seem out of the blue,
but i've thought it for a long time

Notes
① cool seeing u(you) lst(**l**a**st**) nite(**ni**gh**t**)
② u2.(you too)

☺ ロマンチックな告白のシチュエーションは省略はほとんど使わないで会話のときと同じように書くのがポイント！ この2人はまだ付き合っているわけではないので、男性は自分の言いたいことを誤解されないようにわかりやすく書いています。またこのようなロマンチックな場面ではチャットも少し長めに書きます。それは日本語も同じですよね！

The timing is great.

タイミングが完璧。

Jane, wanna try out Marios? It's a new Italian restaurant by our office. Ever heard of it?

ジェーン、マリオ行ってみない？ オフィスの近くの新しいイタリアン。聞いたことある？

Yes, I've passed by it several times before going to work.

何回か通勤中に前を通ったわ。

Are you free this Saturday? Say, 7?

今週土曜日、暇？ 7時とか。

Yep. Actually, I am. My singing practice was cancelled. The timing is great.

うんうん。ボーカルレッスンがちょうどキャンセルになったの。タイミング完璧。

SHIZZLE, I'll get back with the details later.

良かった。こまかいことはまた後で。

Cool, ok.

オッケー。

Dean

① wanna try marios?
new italian by office.
heard of it?

② Y. passed it b4

③ u free Sat @7(?)

④ yep.
singing practice cxld.
timing=gr8

⑤ SHIZZLE. bk w dets ltr

⑥ kk

Notes

① wanna～？で「～したい？」が直訳ですが勧誘表現です。

② Y.(**Y**es) passed in b4(before)

③ u(you) free Sat(**Sat**urday) @(at)7(?)：(?)は、～とか？とあいまいな言い方をするとき、?に(　)をつけます。

④ singing practice cxld(cancelled). Timing=(is)gr8(great)：X(罰点)をつけて消すcrossed out(Xd out)と混在してcxlとなったという説もあります。

⑤ SHIZZLE.(Sure) bk(**b**ac**k**) w(**w**ith) dets(**det**ail**s**) ltr(**l**a**t**e**r**)
☆sureをSHIZZLEと言うようになったのはラッパーのSnoop Doggが広めたと言われています。

⑥ kk(**c**ool o**k**)：最近はOKよりもkkが流行り。

I'd love to see you again.

またデートしたいな。

I had a great time tonight.

今晩はとても楽しかった。

Me too. I'd love to see you again.

うん、僕も。またデートしたいな。

Well, play your cards right and you may be in luck.

ちゃんとしたお誘いならいい返事も来るかもよ？

So, how am I doing so far?

今のところ、ちゃんとしてるかな？

I'd say yes to dinner this weekend.

今週末のディナーならイエスかも。

So, that means I AM playing my cards right.

つまり、ちゃんとしてるってことだよね？

We shall see.

どうかな。

Chris

I had a great time tonight

me too.
I'd love to see you again .

① Play your cards right
and you may be in luck :-)

how am I doing so far?

② I'd say yes to dinner this wkend.

that means
I *AM* playing my cards right

③ we shall see

Notes

① play your cards right：「トランプゲームで賢くさばく」の意味。恋をゲームになぞらえて２人はflirt（恋愛対象になる相手といちゃつく感じ）をしています。

② this wkend(**wee**k**end**)

③ ☆shallはちょっとしゃれた言い方。このようなシチュエーションではよく見かける言いまわしのひとつです。

☺ 恋の始めのころは、チャットと会話表現がほとんど一緒。誤解されないように、あまり略さずに書きましょう。

☺ この会話のように、２人がいい感じになってくると遠まわしな表現やなぞめいた表現を使って会話を楽しむようになります。

I want to see you more.

もっと会いたい。

I can't stop thinking about you, Dean.
Dean、あなたのことをいつも考えているの 。

I don't know what to say.
なんて言ったらいいか。

I think that you are perfect.
あなたって完璧なんだもん。

I have a big smile on my face right now.
そんな、にやけちゃうよ。

I want to see you more.
もっと会いたい。

My smile just got even bigger.
うれしい！（直訳：それを聞いて僕の笑顔がより大きくなった）

I want to see you now face to face.
今、すぐに会いたい。

My date with ice cream just got way better.
僕のアイスクリームデートは、
いい感じになってるね。

Dean

①I can't stop thinking about you Dean.

...

②You

Are

Perfect

big smile.

I want to see you more.

bigger smile.

③I want to see you now f2f.

④My date with ice cream just got way better

Notes

① ☆まだ付き合っていないので、ファーストネームで(ここではDean)と呼んでいます。付き合い始めたらファーストネームより、あだ名(p126 コラム4参照)で呼ぶことが多いです。

② ☆You Are Perfectをひとつずつの吹き出しで書くことで1語1語を強調しています。

③ f2f(face to face)

④ ☆アメリカの定番デザートのひとつであるアイスクリームはデートにもしばしば登場します。ロマンチックであまいデートを髣髴させます。アイスを食べるデートをアイスクリームデートというくらい定番です。

I'm totally serious. You are gorgeous.

真剣に。君はホントに美しすぎるんだもん。

Hey, Sexy.
ねえ、セクシー。

I'm headed to bed for my beauty sleep.
美容のために寝るとこなんだけど。

It's not possible for you to get any more beautiful.
それ以上綺麗になるなんて無理だよ。

Haha.
ふふっ。

I'm totally serious. You are gorgeous.
真剣だよ。君はほんとに美しすぎるんだもん。

I love you.
大好き。

Chris

①Hey sexy

②headed to bed
4 beauty sleep

not possible for u
to get more beautiful

③hhhhhh

I'm serious.
you're gorgeous.

④143

Notes

① ☆sexyなど恋人を呼ぶ呼び名はいくつかあります。
Sweetie, Honey, Baby, Darling, Sweetheart, Sweetie pie,Hon(Honeyの略)などで親から子や親友同士でも使います。

② 4(for) beauty sleep

③ hhhhhh：笑い声の表現はほかにtehehe,bahaha,heheなどいくつもあります。もしくは絵文字、スマイリーやスタンプでもOK。

④ 143(I love you)：それぞれの文字の数で143と省略します。
I love youよりも軽く、愛しているよりもダイスキくらいの感覚で使えます。

Night Honey!

おやすみ、ハニー！

I'm closing my eyes... thinking of you.

目を閉じて、君のこと考えてるんだ。

You can close your eyes and PING at the same time? Superman, you never cease to amaze me.

目を閉じたまま、PINGもできるんだ。すごいね、スーパーマンだね。
いつもびっくりさせられるよ。

I've got so many undiscovered talents.
Stick with me Baby to discover more.

まだまだ知らない才能がたくさんあるよ。ねえ、君、ずっと一緒にいれば発見できるよ。

Good night, sweet dreams Sweetie.

おやすみ、よい夢をね、スウィーティー。

Hugs and kisses.
[blow kiss gesture]
Night Honey!

ハグとキスを［投げキスの真似］。
ハニーおやすみ。

I miss you so much.

すごく恋しい。

Dean

①closing my eyes. thinking of u.

②u can close eyes
and PING @same time?
superman u never cease to amaze.

③many undiscovered talents.
stick w me Baby to discover more.

④GNSD

⑤XO. zzz… mwa!

⑥1MYSM

Notes

① thinking of u(you)

② PING @(at)same time

③ stick w(with) me

④ GNSD(**G**ood **n**ight, **s**weet **d**reams)

⑤ X(hug)O(kiss) zzz(night) mwa!

☆mwaはキスするときの口を閉じて口を開けるときの「むーわっ」という音。mwahやmuahとも書き、投げキスやチークキスなど実際に触れないキスをするときにこのような音をたてて表現します。

⑥ 1MYSM(I **m**iss **y**ou **s**o **m**uch)

I'm just thinking about you Beautiful.

君のことを考えていたんだ、ビューティフル。

What's up, Sexy?
セクシー、元気？

Not much, you?
うん。そっちは？

I'm just thinking about you, Beautiful.
ちょうど、君のことを考えていたんだ、ビューティフル。

What's on your mind?
何を考えているの？

I'm thinking about *you*. In my arms. Cuddling on the sofa with a glass of wine.
君のことだよ。僕の腕の中で、ソファの上で抱きしめながら、ワインを飲んでさ…

Mmm...
I like that thought.
んー、すてき。

Tonight?
今晩どう？

Yes!!!
うん。

Oh man... Back to work.
Let's talk later Sexy lady.
ちくしょー・・・もう仕事に戻んなきゃ。
じゃあ、また後でね、僕のセクシーレディー。

Dean

What's up Sexy?

①NMU?

just thinkin about you Beautiful

②Whatcha thinkin?

③YOU. in my arms.
cuddle on sofa. glass of wine.

mmm.
like that thought.

④2nite?

⑤Y!!!

⑥Grr...B2W.
Talk later Sexy lady.

Notes

① NMU?(**N**ot **m**uch, yo**u**?)

② whatcha(what are you) thinkin(thinking)?

③ YOU.：「き·み·の·こ·と！」と１文字ずつ強調しています。

④ 2nite(tonight)

⑤ Y!!!(**Y**es!!!)

⑥ grr...B2W(**b**ack to **w**ork).：grrは不機嫌さを表す擬音語。犬などが不機嫌なときに出すうなり声「がるるる」からきています。

How about watching a DVD with me?

一緒にDVD観ない？

Have you seen "Modern Family?"
「モダン・ファミリー」って見たことある？

I've heard of it, but it's not aired in Japan, so I've never had the chance to watch it.
聞いたことあるけど、日本では放映されてないから、見れなくって。

It's a super popular TV sitcom in the States.
It is hilarious.
I roll on the floor laughing when I watch it.
アメリカで一番人気があるドラマだよ。すごいから。
見てると笑いすぎてお腹痛くなるよ。

Wow!
ええ～！

How about watching it with me?
(wink wink nudge nudge)
一緒に見ない？（ウインクとひじで軽くつつく）

What!?
はぁ！？

Tyson

have you seen modern family?

heard of it but not aired
in Japan so never watched it

super popular in the US.
HILARIOUS.
① ROTF

wow! 😮

② how about watching it with me?

③ **//

④ W@!?

Notes

① ROTF (**r**olling **o**n **t**he **f**loor laughing)

② ☆重要なお誘いの部分はきちんと省略せずに書く！

③ **(wink wink)//(nudge nudge)：ウィンクと相手をからかうときにひじを曲げて相手をつつくしぐさを記号で表現しています。

④ W@(What)：は？ 何それ？というように、不快な気持ちを表しています。

☺ DVDを理由に部屋に連れ込もうとするナンパの手口も一般的ですね。嫌なときはキチンと断りましょう！

So...will you meet up with me tonight? Please?

今晩ねえ、会おうよ。ね？

You're way cute.
君ってほんとにかわいいよね。

I didn't expect to hear from you so soon.
こんなに早く連絡が来ると思ってなかった。

I need to see you again face to face.
Come out tonight.
だってまた君に会わなきゃって思って。今晩出てこない？

Hold on. Someone's home.
待って。誰か家にいる。

OK.
わかった。

Parent alert. Gotta go.
親がいる予感。行かなきゃ。

OneTwenty

① you're way cute

② didn't expect to hear from u so s%n.

③ need to c u again f2f. come out 2nite.

④ h/o. sm1 home

⑤ kk

⑥ P911. G2G

Notes

① ☆veryの代わりにwayを使うのが口語的表現です。

② so s%n(soon)

③ need to c(see) u(you) again f2f(**f**ace to **f**ace). Come out 2nite(tonight).

④ h/o(**h**old **o**n). Sm1(**s**o**m**eone) home

⑤ kk(cool, ok)

⑥ P911(**p**arent) alert(911) G2G(**g**otta **g**o)
☆アメリカで緊急通報が911なのでalertを911と省略しています。

Why are you always just hanging out with the girls?

なんでいつも女友達とばっかり遊んでるんだ！

I want to see you.
Can you come over after work?
君に会いたい。今夜仕事終わったら会える？

Tonight's a no-go. It's girl's night.
今夜は行けない。女子会。

Why are you always just hanging out with the girls?
いつも女子会ばっかり！

I need my girls to vent. Chill out!
私女の子との友達とも遊びに行きたい。落ち着いてよ。

Don't talk to me that way.
そういう言い方するわけ？

I love you, but I've got a life, too.
あなたのことは大好きだけど、私には私の時間も必要なんだから。

... whatever.
なんとでも言えば。

Janica

①i want to see you.
can u come over aftr work?

②2nite=no-go. girl's nite.

why always the girls?

③need my girls to vent. chill!

④don't talk to me that way.

⑤i luv u but i've got a life 2.

⑥meh

Notes

① ☆i want to see you. をi want to c uと略すのはなんとなく女の子っぽいイメージ。男性は省略せずsee youと書く傾向があります。

② 2nite(tonight) =(is) no-go.

③ ☆chill!「落ち着いて！」はよく使う言葉で、ほかにTake a chill pill!/ chill out!/ just chill/ Chill, would you?などとも言えます。

④ ケンカ中で感情的になっているので省略せず、会話と同じように書きます。

⑤ i luv(love) u(you)

⑥ meh：whatever「なんとでも言えば」というときに出す擬声語。

I said too much last night.

昨日は言い過ぎた。

I said too much last night. I didn't mean it.
昨日は言いすぎた。あんな事言うつもりなかった。

Me too. I just go crazy when we are apart.
僕も。離れてるとキレちゃいやすいんだ。

I'll try to be more mindful about us.
二人のこともっと大切にするようにするから。

And I'll try not to get so upset when you're just out with your friends.
僕は、君が友だちと遊んでる時に怒ったりもうしないようにするから。

Thanks, Honey.
ハニー、ありがと。

Love ya, Babe.
ベイブ、大好き。

Daren

i said too much last night.
i didn't mean it.

① me 2.
i go crazy when we r apart.

i'll try to be more mindful.

i'll try not to get so upset
when you're just out w/ friends.

② txxxxx Honey.

③ luv ya Babe.

Notes

① me 2(too).

② txxxxx(thanks→**t**han**x**)：Xの数が多いほど感謝の気持ちの強さを表しています。

③ ☆luv yaは友達にも使える「大好き」という意味のカジュアルな言い方です。love youはもう少しかしこまっていて、I love you. というと「愛してる」という一番真剣なニュアンスがこもった意味になります。

I'm just saying that I need space.

ちょっと距離を置きたいんだよね。

Hey, do you got a minute?
ねえ、ちょっと時間ある？

I'm ok in 10 minutes. What's up?
10分ぐらいならね、どうした？

I'm having second thoughts about our relationship.
私たちの関係、もう一回考えなおそうと思って。

I don't know what to say.
何それ。

We're so different.
すごい違いすぎるんだよね。

Different is good, no?
違うってことがいいことだと思うけど？

Sometimes it is, but not in our case.
そういう時もあるよ、でも私たちそういうんじゃないでしょ。

I'm just saying that I need space.
ちょっと距離置きたいんだよね。

Chance

u got a min ?

①in 10. s^?

②hving 2nd thoughts

③…

we're so different

④different=good, no?

⑤sometimes but…

need space

Notes

① s^?(→what' s up?→watsup→wassup→ssup(^)

② hving(**ha**v**ing**) 2nd thoughts

③ …：「何と言っていいかわからない」ときは日本語と同じく何か書かなくても「・・・」だけで通じます。

④ different=(is)good

⑤ sometimes but…：「でも・・・」のあとは恋人同士ならわかるでしょう？、もしくは察してほしいという気持ちで省略しています。

OK, I'll be straight. I'm not interested.

そうね、はっきり言うけど、あなたに興味ないから。

Hey lady, I need to see you again.
ねえ、ねえ、また会おうよ。

Sorry but I'm busy.
ごめん、忙しいんだけど。

You can't be busy every night.
毎晩忙しいわけ無いだろ。

OK, I'll be straight. I'm not interested.
そうね、じゃあ、はっきり言うけど、興味ないから。

Ouch.
イタぁ。

You are a nice guy but not for me.
I'm in a relationship and my boyfriend gets jealous when he sees your PINGS.
Please don't contact me again.
いい人だとは思うけど、タイプじゃないし、私カレシいるし、カレシがこの PING 観るたびヤキモチ焼いているし。もう連絡しないで。

Have a nice life.
他の人とお幸せにね。

Chance

hey lady
i need to see you again

① sry. bz.

u can't be busy every night.

② i'll b straight. not interested.

ouch

③ ur a nice guy but not for me.
in a relationship, bf jealous.
pls don't contact me again.

have a nice life

Notes

① sry(**s**o**rry**).bz.(busy)

② i'll **b**(**b**e) straight

③ pls(**pl**ea**s**e) don't contact me again：pleaseの略は、plsでもplzでもOK!

☺ 好きではない人の誘いを断るフレーズ

もし、以前友達でストレートに断りにくいなら・・・
i'm @ din w bf(今カレシとディナー中)
G2G, din w bf(カレシとディナーに行かなきゃ)
なども使えるかも。

Why aren't you replying?

どうして返事くれないの？

Why aren't you replying? When are you free?
どうして返事くれないの？ いつが暇？

I'm pretty busy, so I can't text much.
すごく忙しいからチャットできない。

So, when can we meet up? It's up to you!
じゃあ、いつ会える？予定合わせるからさ。

I don't want to be rude, but I can't meet up anytime soon.
I'm swamped with work and studies.
失礼なことは言いたくないんだけど、すぐに会うのは無理。
仕事と勉強でいっぱいいっぱいなの。

Oh...
そっか…。

Thanks for understanding. See you around.
理解してくれてありがとう。またいつかね。

Got it. Sorry to bother you.
わかった、迷惑かけてごめんね。

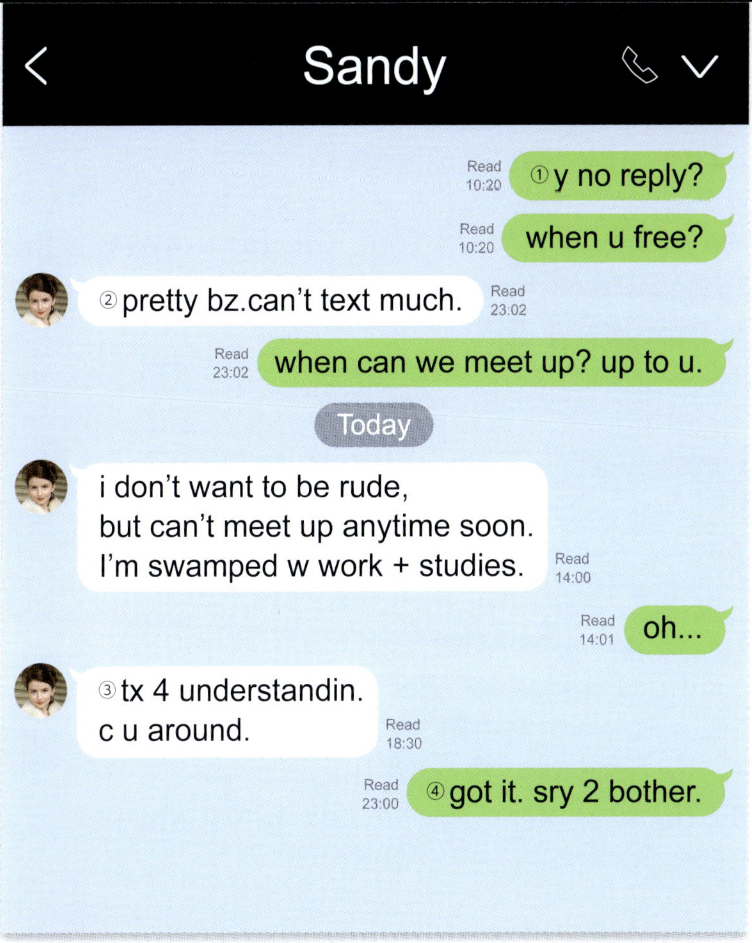
Sandy
Read 10:20
① y no reply?
Read 10:20
when u free?
② pretty bz.can't text much.
Read 23:02
Read 23:02
when can we meet up? up to u.
Today
i don't want to be rude,
but can't meet up anytime soon.
I'm swamped w work + studies.
Read 14:00
Read 14:01
oh...
③ tx 4 understandin.
c u around.
Read 18:30
Read 23:00
④ got it. sry 2 bother.

Notes

① y(why) no reply?：whyの発音と同じyだけを書いて省略します。

② pretty bz(busy)

☆相手に興味がないならできるだけ短い返事で、返事も間を空けて！

☆textはショートメッセージをするという意味の英語です。チャット全般で、チャットする、メッセージを送るなどの意味で使われています。PINGはtextに比べて連絡をとるという意味が強くなります。

③ tx(thanks→**t**han**x**) 4(for) / c(see) u(you) around

☆see you aroundがポイント。see youだけならまた会えるかもしれません。see you aroundだとわざわざ会おうとはせず、偶然会ったら挨拶するというニュアンスになります。

④ sry(**s**o**r**r**y**) 2(to) bother

Drop me a line when you get a chance.

時間があるとき連絡して。

Hey, I haven't heard from you for a while.
I hope I didn't say something wrong.
Is everything ok?

ねえ、随分音沙汰なかったけど、何か怒らせる事言ったかな。大丈夫？

[返事なし]

I miss hearing from you. Are you busy?
Drop me a line when you get a chance.

連絡がなくて寂しいんだ。忙しいんだと思うけど。時間があるとき、連絡して。

[まだ返事なし]

You've got other stuff going on. if you get a minute, I'd love to hear from you.

他のことで忙しいんだよね。時間ができたら連絡して。連絡待ってる。

[やっぱり返事なし]

By the way, Ken says hi! Talk to ya later!

ところで、ケンがよろしくって言ってた。またね！

Jessica

hey, haven't heard from u.
hope i didn't say something wrong.
everything ok?
Read 18:05

①i miss hearing from u.
u bz?
drop me a line when u get a chance.
Read 19:00

u got stuff going on.
if u get a min,
i'd love to hear from u.
Read 19:20

②btw, ken says hi. ttyl.
Read 19:25

Read 19:25

Notes

① u bz(busy)?
② btw,(**b**y **t**he **w**ay) ken says hi. ttyl(**t**alk **t**o **y**a **l**ater)

☺ 返信がこなくてもフレンドリーな感じを崩さないこと。いくつかメッセージを送っても無視されたら、最後はすっごくフレンドリーで終えましょう！友達と写っている自分の元気な写真も一緒に。それで「あなたがいなくても僕（私）は楽しくやっています」ということが伝わります。

Date night tomorrow?

明日の夜、デートしない？

Date night tomorrow?

明日の夜デートしない？

Yes! What do you fancy? Italian? Chinese?

する！ 何がいい？ イタリアン？ 中華？

Whatever you like.

何でも君の好きなもの。

Hmmm... Italian sounds good.
What about you?

うーん、イタリアンがいいかな。どう？

Yes, that's perfect.

うん、完璧。

Night, Sweetie.

おやすみ、スウィーティー。

Emily

① date nite tmrw ?

y! what u fancy?
Italian? Chinese?

② WYL

③ Hmmm… Italian. WBU?

④ Y! Prrrrfect

⑤ nite sweetie!

Notes ① date nite(**ni**gh**t**) tmrw(**t**o**m**or**r**o**w**)?

☆date nightはデートのように夜を過ごすという意味。長く付き合っているカップルや夫婦の間で使うことばです。アメリカでは夫婦になっても子どもを預けて２人だけで毎週デートする習慣があります。

② WYL(**w**hatever **y**ou **l**ike)

③ WBU?(**w**hat a**b**out yo**u**?)：aboutのaがほとんど聞こえずboutと聞こえるため、WBUと省略します。

④ Prrrrfect：完璧という感情を強く表現するためにrを連続。

⑤ ☆good nightはnightだけで通じます。

Don't wait up!

先に寝てて！

Hi Honey, I'm stuck at work.
ねえ、ハニー。職場で、遅くなりそう。

Ah, I just made dinner.
えー、ちょうど夕食作ったところなのに。

It's been a crazy day and I have a team dinner later.
大変な日でさ、同僚と飲みに行くことになった。

Ah, miss you honey.
え～、寂しい。

Ditto. Don't wait up.
それは僕もだよ。先に寝てて。

...
But I made your FAVORITE!
Curry and rice.
でも、好きなものを作ったのに。
カレーライス。

I'll have it for breakfast.
朝ごはんに食べるよ。

Thanks, Sweetie.
ありがとう、スウィーティ。

Kathy

① stuck @ work…

② made din

③ crazy day. team din l8r

miss u

④ Ditto. DWU

⑤ sigh

⑥ made u fav: curry

⑦ 4 brkfst

Notes

① stuck @(at) work

② made din(**din**ner)

③ team din(**din**ner) l8r(**l**ate**r**)

④ Ditto：元は会計用語で「同上」の意味。ふざけて、me, tooの意味で使われるようになりました（映画ゴーストから広まったという説も）。

⑤ sigh：ため息を表す擬態語。

⑥ made u(your) fav(**fav**orite)

⑦ 4(for) brkfst(**br**ea**kf**a**st**)

3

Column

もてる英語フレーズ

① 彼女いる？（彼氏いる？）

→ いきなりすぎで相手がびっくりする可能性がある。

✕ Do you have a girlfriend/boyfriend?

その代わり･･･

○ So, what are your plans with your boyfriend/girlfriend this weekend?
今週末彼氏（彼女）とどう過ごす？

→ 直接「相手いる？」「Do you have a girlfriend/boyfriend?」と聞くとお互い恥ずかしいので彼氏/彼女がいるつもりでさりげなく聞きだすことがモテるコツです♥

☺ 相手がいなければ→well, I'm not seeing anyone.
「実は今付き合ってる人いないんだ」などの返事が出てくるはずです。

② 君は僕のタイプ、あなたは私のタイプなんだ。

→ 直訳するともてないかもしれません。

✕ you're my type

その代わり･･･

○ Wow, I've never met anyone like you. You're super cool!
君/あなたみたいな人と出会ったことがないんだ。気が合うね！

③ 君は綺麗だね、あなた格好いいね。

→ ただのナンパやゴマスリに聞こえます。

✕ You're pretty, you're good-looking

その代わり･･･（女性に）→

○ You have great taste in shoes! 「靴のセンスいいね！」
（女性の靴を褒めると喜ぶ場合が多い）

○ You are so easy to talk to. 「性格いいね、話しやすいね。」

④ 愛してるよ。

→ 英語で恋人同士に「I love you」を簡単に言いません！ 結婚したい気持ちとなったら言う、とても大事な言葉です。

✕ I love you

その代わり…大好きなら→

まずはStep1として I really like you. をいうのが礼儀 ☺

Janica's
5 second text reply

Chapter 4

家族との会話

最近は、親も子どもに合わせてPINGLISHを使って楽しんだりしているようです。
家族ならではの会話と言葉遣いがでてくる会話例を見ながら、アメリカの親や兄弟・姉妹との会話の一例を覗いてみましょう!

I'm thinking about introducing my girlfriend.

(母へ) 彼女を紹介しようと思って。

Hi, Mom, I'm thinking about introducing my girlfriend to you next time I'm there.

おふくろ、次そっちに行ったとさ、彼女を紹介しようと思って。

Dad and I would love to meet her. When do you have in mind?

お父さんも私もぜひ会いたいわ。いつ頃来る予定？

We were thinking over the long weekend next month.

来月の3連休のとき、って思ってたんだけど。

Dad has his surgery then [very sad face], but please do come over.

お父さん、そのころ手術だけど [とても悲しい顔で]、
もちろん来てもらっていいのよ。

That works for me. We can help out.

僕は大丈夫。何かお手伝いするからさ。

Mom

hi mom
thinking about introducing my gf to you

Dad and I would love to meet her.
When?

over long weekend next month?

① Dad has his surgery then, VSF.
but please come!

② WFM. we can help out.

Notes
①VSF. (**V**ery **s**ad **f**ace)
②WFM (**w**orks **f**or **m**e)

☆ 親にはあまり省略形は使いません。ただ、最近は親も楽しんで省略形を使ったり、子ども世代に合わせて使ったりしているようです。

I'm thinking about heading over there to see you.

実家に帰ろうと思ってるんだ。

I'm thinking about heading over there to see you this weekend.

今週末、実家に帰ろうかと思ってるんだ。

Oh no, I'll be out of town this weekend. At the moment, I've got a trip planned with my friends.

あら、今週末は出かけちゃうのよ。今のところ友達と旅行の予定があるの。

Will you be back by next weekend?

来週末までには戻ってくる？

Yes, I'll be back.

そうね、戻るわ。

By the way, where are you going?

ところでどこに行くの？

Hawaii for four days!

ハワイ４日間よ！

Hooray!

わーい！

Mom

thinking about heading there this weekend

① oh no, out of town this weekend.
ATM, trip planned w/ friends

② will u be bk nxt wkend?

yes, back.

③ btw, where are you going?

Hawaii 4 days!

④ WOOT

Notes

① ATM(**A**t **t**he **m**oment), trip planned w/(with) friends

② will u(you) be bk(**b**ac**k**) nxt(**n**e**xt**) wkend(**w**ee**kend**)?：曜日や日付など、よく使う単語は省略してもわかるので親にも使われることが多いです。

③ btw(**b**y **t**he **w**ay)

④ WOOT：「やったね！」や「わーい！」という喜びや満足を表すあいづちのひとつです。スポーツの試合の応援やかけ声でもあります。

Our dog will be alone...

(父へ) うちのワンコがひとりぼっちになっちゃうの・・・。

Dad, I'm going to Vegas next week on business.
パパ、来週、ベガスに出張なの。

That's nice.
いいね。

Yeah, but...
うん、でもね

But...?
でも、なに？

You know my hubby will also be away and we can't leave our dog alone. And he really likes you so...
ねえ、夫もその頃出張でしょう、そうするとうちのワンコが一人ぼっちになっちゃうの。で、パパのこと大好きなワンコだから。。。

Bring him here this weekend with his toys.
今週末に連れてきなさい。おもちゃも一緒にね。

[Hugs and Kisses]
［ハグとキス］

Dad

①dad, i'm going to vegas nxt week on business

nice

yeah but...

?

hubby also away
can't leave dog alone...
he really likes u so...

②bring him this weekend w/toys.

③HAK

Notes

① nxt(**next**) week on business
② w/(with)toys.
③ HAK (**H**ugs **a**nd **K**isses)

Happy anniversary!

（父と母へ）結婚記念日おめでとう！

It's your anniversary today. Happy anniversary!
パパママの結婚記念日でしょ？おめでとう！

That's so nice of you to remember.
Thank you Honey.
覚えてくれてたの？うれしい。ありがとう、ハニー。

What are your plans?
どんな予定？

I'm making Dad's favorite, honey baked ham.
パパの好物のハニーハムを作るわ。

That sounds nice. How long has it been now?
ええ、いいね。結婚して何年？

33 years. Time flies.
３３年よ。光陰矢のごとしね。

Love and Respect! [crying happily]
愛情と尊敬！［嬉し泣き］

Mom & Dad(3)

happy anniversary

so nice of you to remember!
thank you!

what r your plans?

① making Dad's fav, honey baked ham

sounds nice. how long now?

② 33 yrs. time flies.

③ L+R QQ

Notes

① making Dad' s fav(**fav**orite)：会話でfavと略すのはかなり若い人向けのことばです。

② 33 yrs(**y**ea**rs**)

③ L(**L**ove)+R(**R**espect) QQ(泣いている顔を表現しています)

I'm expecting!

（姉妹同士）子どもができたみたい！

OMG, guess what?

ねね、きいて

What?

なに？

It's private and confidential. But I'm expecting!

秘密なんだけど、子どもができたみたい。

What?! Really?! Yay! Way to go!
So so excited for you.

ええ？ ほんと？ やったね！ おめでとう！ うわー、ワクワク。

Did you tell Mom?

ママに話した？

Not yet. I want to tell her and Dad face to face.

まだ。私がママとパパに面と向かって伝えたいと思って。

That makes sense.
They'll freak out!

それがいいわね。きっと二人とも大喜びよ！

I know, right?

絶対そうだよね！

Janica

①OMG, guess what?

what?

②P+C i'm expecting!

③whaaaaaaaaat?
really????????
yay!!!!!!!!!!! WTG!
sooooooooooooooooo excited.

④did u tell 303?

⑤not yet. want to tell f2f.

makes sense.
they'll freak out!

⑥IKR

Notes

① OMG：最近は、会話でも「オーエムジー」とそのまま大文字で言うことも。
② P(**P**rivate)＋C(**C**onfidential)
③ WTG(**w**ay **t**o **g**o)
④ did u tell 303(mom)?：momと似た形の数字で表すことが流行り。
⑤ want to tell f2f (**f**ace to **f**ace)
⑥ IKR(**I** **k**now, **r**ight?)

4

愛称の使い方

アメリカでは家族や仲良しにはこんな呼び方をするのが一般的です。

●怒ってる時はフルネームで！

例:**Janica Marie Southwick, get over here!**
ジャニカマリーサウスウィック、今すぐ来なさい

●仲良しのときは・・・

★ Lovers male(男)→恋人と夫

Ironman, Hunk, Lion, Bear, Rockstar, Superman…(好きなスーパヒーローや強い動物、人物などでOK)

※ 最近はdarlingはあまり使わない

★ female (女)→恋人や妻

Doll, Angel, Honey bunny, Kitty, babydoll(可愛らしい動物でも)

★ neutral (男女共通)→恋人や夫婦

Sexy, Sweetie, Honey, Babe, Hun, Hottie, Hot stuff, Baby

★ Family(家族)

- お姉さん→Sis
- お兄さん、弟→Bro
- 娘→Honey, Sweetie, Pumpkin, Big girl
- ３歳未満→Baby, Little girl, Little Sweetie
- 息子→Buddy, Big guy, Big boy
- ３歳未満→Baby, Little guy, Little buddy
- おばあちゃん→Grams
  ※ 普段はGrandmaですが、仲良しなら明るくGramsと呼んでOK, GrannyはNG
- おじいさん→Gramps
- ペット(男)→Buddy, Boy
- ペット(女)→Sweetie, Girl

★ 仲良し

- 男性→bro, brother, man, dude (オーストラリアではmate)
- 女性→sis, sista, girl, hun, girlfriend

Janica's
5 second text reply

Chapter 5

職場の会話

最近は、仕事でもチャットを使う機会が増えています。簡単な待ち合わせの約束や予定の確認、簡単な仕事のお願いなどはチャットで話すことも多くあります。
会話例を読んで、仕事にもチャットをどんどん活用してみてください！

My PC isn't working again.

パソコンが動かなくなっちゃたんですよ、また。

Hey.
すみません。

What's up?
どうしたんですか？

My PC isn't working again.
パソコンが動かなくなっちゃたんですよ、また。

What happened?
何しましたか？

I have no idea.
全然わかんないんですよ。

Can I ask what you were doing when it stopped?
動きが止まった時、何してました？

I was typing up an email and it just suddenly froze up.
メール打ってたら、急にフリーズしたんです。

Got it. I'll be there in 5 minutes.
わかりました。5分後にそっちに行きますね。

Lauralee

Lauralee: Hey

Me: What's up?

Lauralee: PC not working again

Me: What happened?

Lauralee: No idea

Me: What were you doing when it stopped?

Lauralee: Typing up an email. Suddenly froze up.

Me: ① noted. I'll be there in 5.

Notes ①noted：「了解」の意味で職場の人との会話にもよく使います。

☺ 同僚とのチャットです。
親しさによって省略の度合いが変わります。よく一緒にのみに行くような相手ならば、友達同士のチャットと同じレベルでの言葉遣いでOKです。

We haven't received your receipts yet.

食費の領収書、まだ出してないですよね。

Hi Patrick.
Regarding your business trip to Ireland last month.

すみません、パトリックさん。
先月のアイルランド出張の件なんだけれど…。

Yes?

はい？

We haven't received your receipts yet.

食費の領収書をまだ提出してないですよね。

Sorry about that. I'll get on it ASAP.

すみません。すぐ出しますよ。

Can't reimburse without.

それがないと精算できないんですよ。

I'll send them to you in a second.

すぐに送ります！

We need the originals.

原本が必要なんですが。

OK.

わかりました。

Noricco

Hi.

① Re biz trip to Ireland last month.

Y?

Haven't received receipts.

② Sry. I'll get on it asap

③ can't pay w/o

i'll send you in a sec

need originals

④ OK

Notes

① Re(**re**garding) biz(business) trip

② Sry.(**S**o**rry**) I'll get on it asap(**a**s **s**oon **a**s **p**ossible).

③ can't pay w/o(with**o**ut)

④ ☆OK.は、noted.でも大丈夫ですが、友達や恋人同士でよく見かける kkはここでは使いません。

How's my English?

この英語どうでしょう？

Hi, Janica. How's my English?
"I set the meeting for 5?"

ジャニカ、この英語どうでしょう？
「5時に会議を設定しました」

Hmmm. It's a client, so you should be more polite.
Try this, "As requested, I've scheduled the meeting for 5PM."

うーん、顧客宛ならもっと丁寧にしたほうが。
たとえば、「ご希望に沿いまして、会議を5時とさせていただきました」

Great. That really helps!

さすが。助かります！

You should add,
"I look forward to continuing our discussion from last week."

さらにね、
「先週からの内容を引き続きお話できれば幸甚です」とか追加するともっとよくなりますよ。

Good idea.

なるほど！

Janica

hi, Janica.
how's my English?
"I set the meeting for 5?"

hmmm. it's a client,
so be more polite

① try,
"As requested, I've scheduled the meeting for 5PM."

Great. That really helps!

Add,
"I look forward to continuing our discussion from last week."

② good idea

Notes

① try this：「こうしたらどう？」

② good idea：「なるほど」。I see. やthank you. と答えがちですが、good ideaやgreat idea（さすが！）などのあいづちはより英語らしい表現です。

You going to the party tomorrow?

明日の例のパーティ行くだろ？

Hey, dude. You going to the party tomorrow?
ねえねえ、明日例のパーティー行くだろ？

Oh, yeah, totally forgot. Sure. What's the dress code?
Actually, I've never been there before.
あ、完全に忘れてた。もち。何着てけばいいの？部長の自宅初めて行くんだけど。

It's OK. It's just a casual drink.
We can just go from the office. It starts at 7.
大丈夫。気軽に飲む感じだから。オフィスから直行で。7時始まりだし。

I don't know what to bring.
手土産何もって行けばいいかな。

I'm bringing a bottle of wine.
How about a box of chocolate or a bottle of wine?
俺はワイン1本。チョコレートの詰め合わせとかワインにしたら？

Cool, ok. Thanks. I'll bring something.
ほんと、ありがとう。何か持っていく。

Jason

Jason: ① hi. goin to the party tmrw?

Me: ② y, forgot!!! dress? nvr been b4.

Jason: It's OK. Cas drink. Starts 7.

Me: What to bring?

Jason: ③ me,wine. How about a box of choc or wine?

Me: ④ kk.txxx. I'll bring something.

Notes

① going to the party tmrw(**t**o**m**or**r**o**w**)?

② Y.(**Y**es) Nvr(**N**e**v**e**r**) been b4(before)

☆ ドレスコードについてはコラム5（p142）を参照。

③ a box of choc(**choc**olate) or wine?

④ kk(cool, ok). Txxx.(Thanks→**t**han**x**)：xの数で気持ちの大きさを表現します。

☆ 一度帰宅したあと着替えて参加するパーティも少なくありません。定時帰宅が普通で、職場と家が近い場合が多く17時帰宅後、シャワーと着替えをして20時からスタートということが多いです。上司の家でBBQや会社主催で社員と配偶者を招くこともよくあります。

How about a quarter to 2?

2時15分前はいかがでしょうか？

I just wanted to remind you about the meeting with ABC company tomorrow.
明日ABC社との会議だったと思うが。

Yes. 3 o'clock sharp at their headquaters, right?
はい、3時ぴったりに本社ですよね。

How about we leave the office together at ...around 2?
一緒に社を2時ごろ出ようか。

How about a quarter to two?
2時15分前ではいかがでしょうか。

O...K.... Should we grab a cab?
そう、か…。タクシーで行こうか。

There could be traffic.
The subway is better.
渋滞していると思うので、地下鉄がいいですよ。

Stuart(boss)

① mtg with ABC tmrw

②Y. 3 @ their HQs?

③leave 2 (?)

How about 1:45?

④O...K... cab?

cld be traffic.
subway better.

Notes

① mtg(**m**ee**t**in**g**) with ABC tmrw(**t**o**m**o**r**ro**w**)?

② 3@(at) their HQ's

③ leave 2 (?)：(?)と、?に( )がついていると、「～にするかも？」などあいまいな表現を表します。

④ ☆「タクシーをつかまえる」はgrab a cab, hail a taxiなどの言い方がありますが、同僚など親しい人にはgrabをクライアントにはhailを使うほうがいいでしょう。

Is it possible to invite my co-worker?

同僚も誘っていいでしょうか？

It was a pleasure meeting you.
お会いできて光栄でした。

Likewise. I hope that we can keep in touch.
こちらこそ。今後ともよろしくお願い致します。

You mentioned a get-together next week?
サムやその友人たちと来週会うと言っていましたね。

Yes, I'll send over the details tomorrow. Would love to have you there.
そうです。詳細を明日送りますね。ぜひいらしてください。

Is it possible to invite my co-worker?
同僚も誘っていいでしょうか？

That would be fine. Could you send me her name so I can put it on the list?
大丈夫だと思います。その方のお名前を教えていただけますか？参加者リストに入れますので。

I got it.
了解です。

Daren(client)

pleasure meeting you.

Likewise.
I hope we can keep in touch.

You mentioned a get-together nxt week?

Yes, I'll send ovr dets tmrw.
Would love to have you there.

Is it possible to invite my co-worker?

That would be fine.
Could you send me her name?

① noted.

Notes ① noted. (got it)：「了解です」は、書くときにnotedと表現することが多いです。

☺ 親しいクライアントとのチャットです。
会話とほぼ同じような表現で、略語はあまり使いません。会話ほど詳細を書かず主語が抜ける場合があります。大文字や「.」がきちんとしているのも特徴です！

Could you come to our office?

弊社に来ていただけるとありがたいのですが。

Hi, thank you for the estimate for the server and client PCs.

やあ、サーバとクライアントPCの見積もりありがとう。

No problem. How is it?

どういたしまして。いかがでしたか？

My boss is happy with it. We would like to make a deal with the quoted price.

上司はオーケーなので、お見積りの通りでゴーサインにしましょう。

That's great.

よかったです。

Could you come to our office to finalise the deal sometime next week?

契約締結をしたいので来週のいつかの時点で弊社に来てくれるとありがたいのですが。

Sure.

もちろんです。

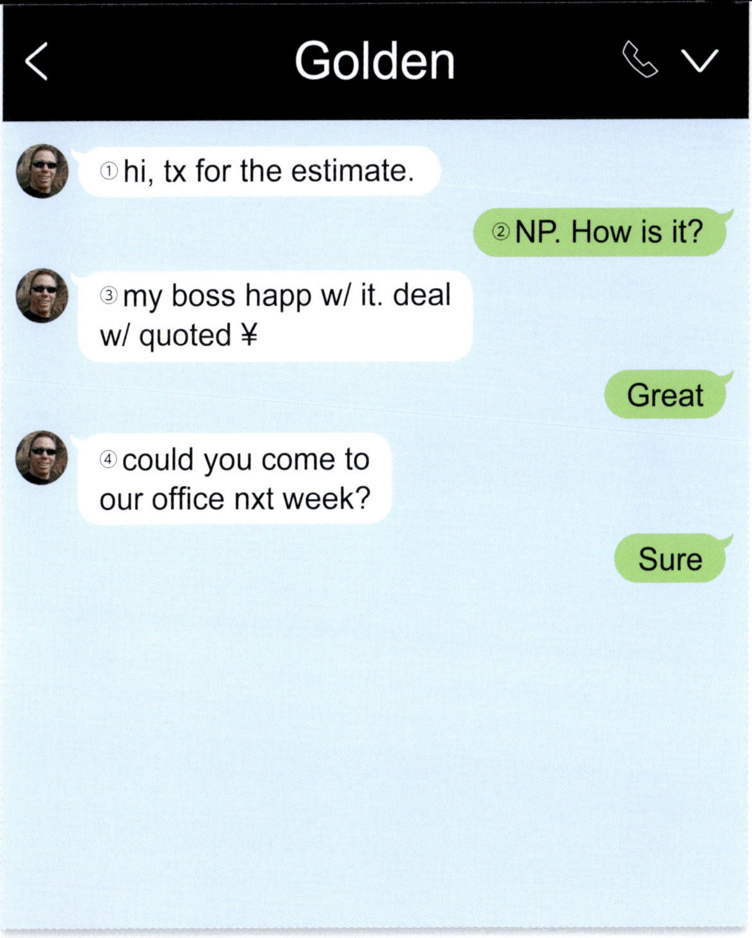

Golden
① hi, tx for the estimate.
② NP. How is it?
③ my boss happ w/ it. deal w/ quoted ¥
Great
④ could you come to our office nxt week?
Sure

Notes

① tx(thanks→**t**han**x**)

② NP(**N**o **P**roblem)：この程度の略語だとクライアントとも使うことがあります。日本ほどクライアントとの上下関係が厳しくなく、お客様は神様ではなく契約相手という意識です。

③ My boss happ(**happ**y) w/(with) it. Deal w/(with) quoted ¥(price)：dealは「合意」という意味。「契約成立」という意味で使います。Priceは日本国内の話なので¥ですがアメリカでの話だと$となります。

④ nxt week(**n**e**xt** week)

5 Column

ドレスコード

海外に住んだことのある日本人が「ドレスコードなんて気にしなくていい」という人が結構多いのですが、ドレスコードを間違っても誰も注意してくれなかったり(陰口のみ)、現地ではドレスコードを間違えると居心地が悪かったりするのですが、日本人は居心地悪いとさえ思わないようです。

ドレスコードの種類を知ってことばだけでなく文化にも慣れましょう!

カジュアル　ジーンズ

スニーカーもOK。場所によっては露出の高いものを遠慮した方がいい時と、目一杯セクシーにしてもOKな場合もあります。

スマートカジュアル

ジーンズ、スニーカーはダメな場合と、おしゃれなら良い場合があります。男性はネクタイは不要ですがジャケット着用が好ましく、女性はパンツスーツはOKです。

ラウンジスーツ

ビジネススーツ、ネクタイ着用。ジーンズ、スニーカー、TシャツはNGです。女性はドレッシーなワンピースやカクテルドレスを。ドレスの丈は極端でなければロングでなくても大丈夫です。

ブラックタイ

タキシードとイブニングドレス(長い丈が礼儀)。タキシードはブラックが基本ですが、カラータキシードも大丈夫な場合がほとんどです。素材はシルクまたは類似したサテン調のもの。

Janica's
5 second text reply

Chapter 6

SNS
（写真と一緒にアップ）

写真を送ったり、写真をアップしたりするときに可愛らしく、そして簡単だけど確実に言いたいことを伝えられたら楽しいですよね。
PINGLISHを活用して気楽に伝えられるようになりましょう！

Check out me new shoes!

新しい靴見て！

①

Check out me new shoes!

新しい靴見て！

Love them! How much were they?

超ヤバイー！ いくらだったの？

③

Give it a guess.

いくらだと思う？

④

I don't know... a hundred bucks?

わからないなー１００ドル？

⑤

Nope. just 5 bucks.

はずれ。たったの５ドル。

What the ???

すごいじゃん。

Oh, I gotta go.

あ、いかなきゃ。

Cool, ok. busy day?

分かった、忙しいね。

YES, I'm on the run.
I'm late for work.

うん、急がなきゃ、仕事に遅刻する。

Talk to you later!

また後でね。

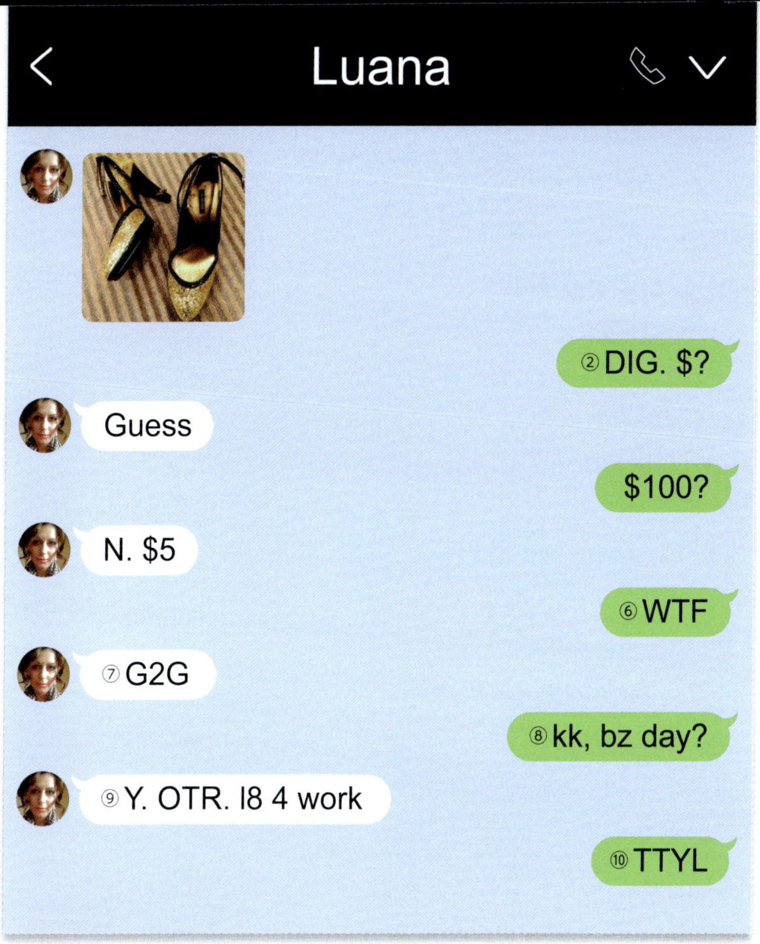
Luana
② DIG. $?
Guess
$100?
N. $5
⑥ WTF
⑦ G2G
⑧ kk, bz day?
⑨ Y. OTR. l8 4 work
⑩ TTYL

Notes

① ☆人によってmyをmeと可愛く発音します。

② DIG：「気にいる」という意味で「いいね」というときに使います。

③ ☆give it a guess：は「当ててみて」というとてもネイティブらしい表現です。

④ ☆bucksはドルのスラング。

⑤ ☆noのスラング表現にnahやnopeなどがあります。

⑥ WTF(**w**hat **t**he **f**uck)：口には出さないほうがいいので、what theで止めています。

⑦ G2G(**g**otta **g**o)

⑧ kk,(**c**ool o**k**) bz(busy) day?

⑨ OTR.(**o**n **t**he **r**un) l8(late) 4(for) work

⑩ TTYL(**t**alk **t**o **y**ou **l**ater)

Ah! I cut my hair.

ねえ、髪切ったよ！

[電話で]

Ah! I cut my hair!
ねえ、髪切ったよ。

You did what?!
え？ うそ？

Yep. I chopped it all off.
うん、全部バッサリ。

And you like it?
いい感じ？

I'm not so sure.
ビミョー

What the.....?
どゆこと？

Show me a picture please.
写真見せてよ。

[写真を見る]

You look GORG
but why'd you dye it red?
すっごくいいよ。でもなんで赤なん？

Are you my mother?
ママみたいなこと言わないでよ。

Janica

aaah. cut my hair!

u whaaaaat?!

① chopped it off.

② and?

not sure…

WTF

③ pic plz

④ GORG but y red?

⑤ YMM?

Notes

① ☆chop off：「バッサリ切り落とす」という意味。

② and?：会話では詳しくそのあとを続けますが、チャットではこれだけで十分伝わります。

③ pic(**pic**ture) plz(**pl**ease)：plzでもplsでもOK!

④ GORG(**gorg**eous)：「イケメン、かっこいい！」「ステキ！」というニュアンス。ルックスだけでなく雰囲気全体をほめるときも使えるし、人だけでなくモノにも使える便利なことばです。

⑤ YMM?(**Y**ou **M**y **M**other?)

And the handsome guy too! I'm drooling.

イケメンもね！ よだれ出ちゃう。

[食事と隣のイケメンを見ながら]

The "food" at this place is to die for!
ここの"食事"、死ぬほど美味しいよね。

And the guy at the next table too!
I'm drooling.
隣の席のイケメンもね！ よだれ出ちゃう。

Yes, very nice "scenery."
「眺め」サイコー。

You're not talking about the view from the window. Haha.
窓からの眺めじゃないでしょ？ ふふ。

Nope.
I'm talking about the immediate view from the table. I'm melting.
違うよ。テーブルからすぐの眺めのこと。
とろけそう。

Sandy

① “food” 2d4

② and da guy@nxt tbl 2! drooling.

③ y, v nice “scenery.”

④ u not talking bout the view from the window. ha.

nope.
immediate view from table.
melting.

Notes

① 2(to)d(**d**ie)4(for)
② da(the) guy @(at) nxt(**n**e**xt**) tbl(**t**a**bl**e)
③ y.(**y**es) v(**v**ery) nice "scenery".
④ ha：haの数をその時の笑いたい感情度合いに合わせて増減して表現します。

Las Vegas with Dean!

ディーンとラスベガスなう！

[電話で]

Guess where I am!
どこにいると思う？

Where?
どこ？

Las Vegas with Dean!
I'll send you a pic.
ディーンとラスベガス！ 写真送るよ。

[写真が送られてくる]

Wow!
Wait...it's your birthday today, right?
わ～！ 待って、今日誕生日だよね？

No, it's tomorrow,
but we are celebrating it today.
ううん、明日。でも今日お祝い中！

Shanon

guess where i am!

where?

① LV w/Dean!

② wowowow
it's your bday right?

③ N. 2moro,
but celebrating 2day

Notes

① LV(**L**as **V**egas)　w/(with)Dean
② bday(birthday)
③ 2moro(tomorrow), celebrating 2day(today)

Guess who I just saw!

誰に会ったでしょう！

Guess who I just saw!
誰に会ったと思う？

Who?
誰？

Kaori!!!!!
かおり！！！！

What!? It's been forever! What's she up to now?
なに！？ 超久しぶりじゃん！ 今どうしてるの？

She's a jewelry designer. Look at our earrings.
ジュエリーデザイナーやってるよ。見て、私たちのイヤリング。

[写真を携帯で見せる]

FAB! They're to die for!
いいなー！死ぬほど可愛い！

Tell her hi from me.
よろしく伝えておいてね。

Mandi

guess who i just saw

who?

Kaori

① Whaaaat!? It's been 4ever!

② w@ she up 2 now?

③ jewelry desiner.
L%k @ our earrings.

④ FAB. 2d4!

tell her hi

Notes

① It's been 4ever!(forever)

② w@(what) she up 2(to) now?

③ L%k(**l**oo**k**) @(at) our earrings.

④ FAB.(**fab**ulous) 2**d**4!(to **d**ie for)

6 Column

ナンパチャットにご注意!!

インスタグラムの素敵な写真に英語でコメントがついた！のは嬉しいけれど、楽しくチャットしているだけのつもりが、しつこいナンパが嫌になってしまった…どうやって返せばいいの？ そんな相談を最近良く受けます。

実際に相談を受けた例

［写真］

Nick:　Cool. Nice pic.

Ayumi:　Thank you! ^^

［写真］

Nick:　You're so sexy!　R u Japanese?

Ayumi:　Y. How about you?

Nick:　I live in California now.

Ayumi:　Wow!

※相手の写真が送られてくる(往々にして上半身裸だったり水着だったり)

Ayumi:　Cool!

Nick:　u like it?

Ayumi:　Y!

プライベートメッセージ

Nick:　I'm headed to Japan nxt wk. Can we meet up?

Ayumi:　Cool!

Nick:　I'm staying in Nagoya. Can you come?

Ayumi:　far from Tokyo.

NIck:　So? Can you come? I wanna see you!

Ayumi:　need to study next week.

Nick:　I'll teach you.tehehe.

FacebookやInstagramを出会い系として利用するのは、アメリカではごく普通のことです。相談に来た女性たちに、きっぱりとしたお断りをさせた結果、「早く言えよな、オレの時間を無駄にしたな」と逆ギレされたケースもあります。

早めにBFとの写真をアップしたり、「カレシがよろしくだって。彼も英語の勉強中なの」などと写真をアップしたりして、きっぱりと断りましょう。

PINGLISH Dictionary

Message from Norika Fujiwara san

こんにちは、藤原紀香です。
Janicaと私は10年以上のお付き合いで、彼女は私の英語のコーチであり、かけがえのない友です☺

私たちもよく、LINEやFacebookなどのチャットやショートメッセージを使ってコミュニケーションをとっています。
英語で自然な言い回しを知りたいときは、すぐJanicaにPINGします。やりとりがはやいし、とても便利ですよね。文字でやりとりするのは、英語を学ぶにはとても実践的な方法だと思います。

わたしも過去に国連でのスピーチや、NHKドラマ『チャンス』での英語の長台詞など、重要な場面に直面したときはJanicaにしっかりコーチしてもらいますが、英語を使うシーンに出会うたびに、日々さりげなくやっているジャニカとのやりとりが、自身の英語力につながっていくんだなと改めて感じます。

メールと違ってLINEやFacebookなどのチャットは気軽にできるので、英語でも会話が弾みますよね。その自然な会話には自然な英語がたくさんあるので、使える口語表現がたくさん見つけられます。

この本は、そんな使える自然な英語の口語表現がおもいっきりつまった１冊です。プライベートな内容から仕事で使えそうな表現まで、会話を楽しみながら英語を学んでくださいね。

藤原紀香

● 著者プロフィール

ジャニカ・サウスウィック（Janica Southwick）

米国出身。上智大学比較文化学部を経て、「ボキャブラ天国」（フジテレビ）でタレントデビュー。「えいごリアン」「基礎英語１～３」（NHK）などのTV・ラジオ番組で活躍する一方、タレント事務所、キッズ英会話教室、ネイルサロンも経営するビジネスウーマン。また、イメージコンサルタントとして、大企業の研修などを含めて延べ4000人以上に非言語コミュニケーションをコーチングした実績を持つ。3児の母。著書に『DVD付　ネイティブが毎日使う英語のジェスチャー50』など。専門は非言語コミュニケーション学。

● 監修者プロフィール

豊田典子（Noriko Toyoda）

第２言語習得（バイリンガリズム）、認知言語学研究。応用言語学博士後期満期退学。1990年より日系企業欧州支社駐在。その後、ロンドン大学大学院（応用言語学）を経て独立。現在、英国法人経営、大学講師、国際機関コンサルタント、会議通訳。著書に『DVD付　ネイティブが毎日使う英語のジェスチャー50』（監修）など。

■ Special Thanks to…

Briony, Chance, Charlie, Chris, Daren, David, Dean, Dennis, Emily, Ginny, Golden, Janica dad, Jason, Jessica, Joe, Kathy .B, Kathy .W, Kike, Lani, Lauralee, Mandi, Mika, OneTwenty, Sandy, Sara, Sarah, Shanon, Stacy, Stuart, Tyson [in alphabetical order]

カバーモデル：ジャニカ・サウスウィック、ベンジャミン・ロンゲ
カメラ撮影：山下アーロン ／ ヘアメイク協力：吉田瑞穂
スタンプイラスト：朝守喜久子（ジョリネイル）
装丁・本文イラスト・DTP：クリエーターズ・ユニオン

ジャニカの
5秒で返信！ 英会話

2016年4月30日　第1刷発行

著　者　　ジャニカ・サウスウィック
監修者　　豊田典子
発行者　　前田俊秀
発行所　　株式会社三修社
〒150-0001　東京都渋谷区神宮前2-2-22
TEL 03-3405-4511　FAX 03-3405-4522
振替 00190-9-72758
http://www.sanshusha.co.jp/
編集担当　本多真佑子

印刷・製本　広研印刷株式会社

ISBN 978-4-384-05834-5 C2082